从山岭到海洋

CONG SHANLING
DAO HAIYANG

——赵德发访谈录

赵德发/著

山东城市出版传媒集团·济南出版社

图书在版编目(CIP)数据

从山岭到海洋：赵德发访谈录/赵德发著. —济南：济南出版社，2021.3
ISBN 978-7-5488-4641-3

Ⅰ.从… Ⅱ.①赵… Ⅲ.①赵德发—访问记 Ⅳ.①K825.6

中国版本图书馆 CIP 数据核字(2021)第 048694 号

从山岭到海洋
赵德发　著

出 版 人	崔　刚
责任编辑	李圣红　董慧慧
封面设计	八牛·设计
版式设计	王园园
出版发行	济南出版社
地　　址	济南市二环南路1号
邮　　编	250002
印　　刷	济南鲁森印务有限公司
成品尺寸	148mm×210mm　32开
印　　张	8.5
字　　数	200千
版　　次	2021年3月第1版
印　　次	2021年3月第1次印刷
书　　号	ISBN 978-7-5488-4641-3
定　　价	49.00元

(如有倒页、缺页、白页，请直接与出版社联系调换。联系电话:0531-86131736)

目 录

第一辑　经山历海

3　　我希望作品能表现世道人心

12　　世心与史心的守望

32　　从山岭到海洋：文学创作的精神地理对话

55　　追梦四十年

65　　文学的种子要发芽，无可阻挡

72　　审视乡村中的传统文化根脉

第二辑　小说是温润心灵的一种东西

89　　宽容、文化与叙述

96　　关于小说创作的对话

106　　写作是一种修行

111　　在土地上吟咏，咏歌，甚至吟啸

125　　坚守

132　　回顾与展望

140　　小说是温润心灵的一种东西

159　　从生存的大地到信仰的天空

第三辑　书成呼友吃茶去

- 181　关于《君子梦》的问答
- 188　书成呼友吃茶去
- 200　时间的雕刻者
- 205　让写作贴近中国文化之根
- 211　关于《乾道坤道》的对话
- 217　审视全球化情势下的价值观位移
- 224　人类世：警钟敲响于此刻安眠
- 234　关于《人类世》的对话
- 241　人类世：赵德发的千岁之忧
- 250　写出新时代有根系有走向的成长
- 261　用历史眼光观照，以文学酵母加工，记录下时代样貌

第一辑 经山历海

我希望作品能表现世道人心

鲁迅先生说，中国的根柢全在道教。时至今日，古时道教的盛况了无踪影，出家道士寥若晨星。然而山东作家赵德发新作《乾道坤道》的出版，却如空谷足音。

他刻画了一群当代道士，表现中国道教在今天的际遇与嬗变，探讨道教文化在人类文明进程中应有的作用。与此前的"农民三部曲"相比，赵德发涉及了经验之外的领域，拿出了非虚构写作的实地调查的功夫，一边大量读书，一边四处参访。他写得认真、艰难，却也乐在其中。先是《双手合十》，被称为中国第一部全面展现当代汉传佛教文化景观的长篇小说；接着便是《乾道坤道》，又被称为第一部全面反映当代道教发展和道士生活的长篇小说。

赵德发开创的诸多"第一"，在中国文学史上能否成为重要的书写符号，也许有待于时间的检验，但是他对于儒、释、道的全面阐释，不仅展示了宗教文化和复杂的现实人生高度缠绕、密切交集的状态，而且

填补了中国当代文学书写的空白。

2013年8月28日,长篇小说《双手合十》新书首发暨海外推介会在北京国际图书博览会举行;8月30日,赵德发传统文化题材作品研讨会在京召开;作为山东作家群中的一员,赵德发同时参加了"齐鲁文学论坛"等活动。他的作品被集中展示的时候,评论家们几乎同时意识到,赵德发是个被低估的作家。在传统道德日渐衰微的今天,赵德发秉持的坚定信念和深刻忧患意识,他具有前瞻意义的文化反思和人性的考辨,应该被重新认识。

记者(《中华读书报》记者舒晋瑜): 走上文坛顺利吗?

赵德发(以下简称赵): 经历了很多次退稿。当年,我把写完的短篇寄给沧州的《无名文学》(专门发表无名作者的刊物),也被退稿,我很受打击,在日记中写下了这样两句话:无名尚不许,何望成名哉?总算起来,大概有几十篇、三四十万字的作品被退稿。1981年农村推行生产责任制,我那时在公社当秘书,亲历了"大包干"的推行,当时心生一个很狂妄的念头:柳青经历了农村大变革后完成了《创业史》,我也可以写一部有分量的大作品。半年写了10万字,我寄给一家知名杂志社,正做着发表的美梦,接到了编辑的亲笔回信:选材很好,可是没达到发表水平。

那些作品全是我晚上9点钟以后写的,劳累加上打击,我的头发大把大把地掉。我下决心打基础,白天工作,晚上参加电大业余学习,6次考试5次全县第一,扎扎实实地学了一遍大学中文课程。

记者: 其实您在仕途很顺利,为什么作家梦那么坚定,从来没有动摇过吗?

赵:1979年,我还在当老师,有一次批改完学生作业,随手拿过一本《山东文艺》(《山东文学》前身),看到几位业余作家的发言,讲他们是怎样走上创作道路的。看着看着,我怦然心动:他们能走这条路,我也能!这个念头决定了我的一生,之后从未动摇。

30岁时我担任了县委组织部的副部长,但那时我已经迷上了写作。两年后山东大学开设作家班,我就想背水一战,学创作去,于是就参加了报名考试。

记者:20世纪80年代末的时候兴起作家班,北京大学、北京师范大学等都招收了一批知名作家。作家班的学习对您帮助大吗?

赵:非常之大。可以说,作家班成就了我。山东大学选了最好的一批老师给我们上课,如袁世硕、孔范今、马瑞芳等。通过听课、读书,提升了思想,开阔了眼界,回头看看平时积累的那些素材,此刻也都鲜活了起来。我对过去的历史、农民的命运有了新的发现和认识,我想表现历史的巨轮碾过土地时给父老乡亲带来的变化,表现他们起伏跌宕的命运。短篇小说《通腿儿》在1990年第1期《山东文学》作头题发出后,《小说月报》很快转载,不久又获得第四届百花奖,我的文学路从此就顺畅了。

记者:从1994年开始,您用了8年时间陆续创作了"农民三部曲"——《缱绻与决绝》《君子梦》《青烟或白雾》,完成了对中国近百年农民生活、农村现实的广泛关照和深沉反思,气势恢宏,具有丰厚的文化底蕴。其实您在《君子梦》中就已经开始借表现中国农民在道德问题上的纠结,对儒家文化有所审视。

赵：原来计划只写一部，可是农民的历史浩繁厚重，完成《缱绻与决绝》后，我觉得还有很多素材没用上，对农村生活的表现可以继续下去，这就有了"农民三部曲"之二、之三。创作《君子梦》时，为了写好儒家文化在农村的传承，我读了许多儒学经典，小说主人公推崇的一本《呻吟语》都快被我翻烂了。在这部作品中，我理出了一条线："千古圣贤只是治心。"这是儒家文化的核心所在，也是东方文化的核心所在。然而，尽管有了2000多年的悲壮努力，结局依然是世风日下。从书中可以看出，主人公极其焦虑，那棵榐子树却在榐子的摧残下欢快地舞蹈。这里面是否大有玄机？

记者：您的很多短篇在文坛有很大的影响，而且对农村题材的写作得心应手。放弃游刃有余的写作，坚守道德救赎的人文情怀和立场，源自怎样的契机？

赵：完成"农民三部曲"之后，我还有几部农村题材的长篇构思，但我觉得，再写也很难超过那三部。虽然中间我写了《震惊》和《魔戒之旅》，但实际上我一直在寻觅新的题材。2003年，山东省佛教协会会长、五莲山光明寺住持觉照法师托人捎信，让我上山讨论如何发掘五莲山佛教文化。我为了上山能与法师说话，临时抱佛脚，从书架上抽出一本介绍佛学的书看。一个念头突然冒了出来：我何不写一写当代汉传佛教？我一直对传统文化，对神秘的宗教文化感到好奇，非常向往，但对佛教却十分陌生，虽然游览过许多寺院，却从没动过要深入了解的念头。

有了这个计划，我从两个方面入手：一是读书，二是采访。我先后读了上百本书，从学理上掌握基本教义，并从宗教人类学、宗教社会学的角度来认识佛教。同时，一次接一次地走进寺院和居士林，去了解佛教徒的宗教生活。

记者：创作反映当代宗教文化的长篇小说《双手合十》与《乾道坤道》，这种转变是自觉的吗？转型中，您过去创作中的优势是否也有一些流失？

赵：转型是自觉的。我是想从传统文化中寻找创作资源。当然，这种转型对我来说，可能会流失一些过去的优势。譬如说，表现农村时的那种鲜活、混沌、滚滚沸沸，写宗教文化时可能少了，而多了一些理性与严正。然而，读过我这两部小说的读者会发现，我最终还是用人物、情节与细节说话，以我的小说笔法，传达一种理念、思考和表现世道人心。

记者：很多作家，无论是哪种流派，在经历多种尝试之后都选择回到自己熟悉的领域。您大概是不依赖经验写作的少数作家之一。

赵：经验写作是小说家的康庄大道，我曾在这条路上行走多年。当然，经验写作也要写出新意，用独到的思考来照亮自己和别人都熟悉的生活，用深刻的思想来铸成长篇小说的灵魂。我写《缱绻与决绝》之前，把中外那些写土地的经典小说几乎都读了，为的是找出"人人心中有、人人笔下无"的那些东西。我还读了农村社会学、经济学方面的大量著作，跟踪我国农村经济理论前沿达四五年之久。这就是说，经验写作也要使之"陌生化"。然而，在中国文坛，凭经验写作的人太多了，除了极少数杰出作家完成了自己那张独特面目的雕铸，多数作家因为经验相似、作品相似，因而面孔模糊，不分彼此。追求作品的异质化，追求审美的陌生化，就成为我的一种强烈冲动。

对于传统文化、宗教题材的写作，完全是经验之外的写作。通过采访、读书、了解、领会，我尽量通过作品真实生动地传达出汉传佛教和道教在今天的存在形态，传达社会变革在宗教内部引起的种种律动。好在这两部作品出版后，一些佛教徒、道教徒看了都认为写得很地道，迄今为止还没有人指出硬伤。唯一不同的是，农村生活于我是血肉交融，息息相关，写宗教文化还达不到，但是我能理解出家人的内心世界。

记者：为什么这么自信？

赵：《啄木鸟》杂志曾约我写一篇小说，并且给了我一个素材：公安部"清网行动"中，抓获一个隐藏在杭州某寺院17年的杀人犯。我调动了生活积累，从僧侣生活的细节入手，切入这位僧人的内心世界。这篇题为《晚钟》的小说发表后，有人拿进监狱给这个犯人看，他说：这个作家太神了，他写到我心里去了。

《双手合十》这部作品也得到了许多读者的喜欢。江苏文艺出版社出的第一版，在网上网下的书店都已经买不到，有人打印出来，在网络上高价叫卖。好在，安徽文艺出版社刚刚再版了此书。

记者：听说，林黛玉的扮演者陈晓旭生前曾有意将《双手合十》拍成电视剧？

赵：是的。小说在《中国作家》发表后，陈晓旭让她的副总经理给我打电话，说这小说写得挺好，她的公司要拍成电视剧。可惜没过多久，她突然出家了。

记者：把握宗教文化，写作中有什么困难吗？您走访了很多寺院，接近佛门中人，走进他们内心是不是也不容易？

赵：最困难的就是采访。有的出家人愿意跟俗人交往、交谈，有的则不愿意。我碰过许多钉子，却从不气馁，而是用真诚的态度和不太外行的佛学知识赢得他们的信任，和他们同吃同住同"出坡"（劳动）。我去扬州的高旻寺，以禅学爱好者的身份希望住几天，知客僧用警惕的目光看着我问：读过什么经书？并要求我背一段。我当场背了一段《金刚经》，他才放我进去。进了该寺那座名闻中外佛教界的禅堂，我收获特别大：南怀瑾在《禅海蠡测》中记载的旧时禅堂仪规，在我眼前一一再现。真正赢得他们的信任之后，会了解很多不可思议的事情。准备写《乾道坤道》时，我看到天台山桐柏宫住持张道长的博客，印象深刻，便与他联系，想去拜访他。他是从美国回来的海归道士、博士道士，经历很有传奇色彩。我们见面后长谈过多次，我深受启发，于是他就成了《乾道坤道》主人公的原型。

记者：您的作品出版之所以受到关注，可能也与当下信仰缺失有关。

赵：近年来，中国传统文化回归，出现了"国学热"的现象，我认为这是好事。这与当下信仰缺失有关，同时更关系到中华文化基因的传承与延续。民族复兴，包括文化复兴和重建，传统文化应该成为其重要的组成部分。包含了传统文化、复兴与重建的中华文化，必然会成为中国的软实力，成为中国人与西方交流、对话的凭依。对于传统文化，我们就是要保全、守护。从这个意义上讲，我愿意戴一顶"文化保守主义者"的帽子。当然，审视、扬弃也是必需的。传统如何与现代接轨，这是个需要琢磨的大课题。

记者：目前在中国作家中，对中国传统文化、宗教文化形成规模写作的作家，您应该是首屈一指吧？

赵：反映传统文化在当代的存在形式，探讨它在历史进程中的功用，表达我对传统文化、对宗教现象、对人类社会的认知与思考，仅此而已。

记者：不断地学习、采访、读书、写作，接触宗教文化，您本人有怎样的变化？

赵：我并不是主张以宗教为唯一的途径来解决人的精神问题，而是希望人类应该有超拔之心、悲悯情怀。不可否认，宗教教义对我的精神、心灵产生了一些影响，让我用另外的视角看待宇宙万物和人生，让我尽量地去执着心，去分别心，以一种宁静安详的心态面对人生的种种际遇和日渐迫近的老与死。我感恩于中国传统文化的滋养，让我有了这几部作品，尽管分量尚轻，但毕竟传达了我的思考。

记者：现在的写作是否渐入佳境？您觉得对创作造成阻碍的方面有哪些？

赵：经历了佛教、道教两个领域的采访，任何采访对我来说都不是难事。在表现上，也基本能够完成我的艺术设想。但要想不断超越自己，对我而言仍然是难事。有时候，我感觉慧根太浅，笔力不逮，写不出我心目中的完美作品。完美的作品，应该有深刻的思想、生动的人物、好看的故事、精致的语言。我希望我能求新求变，让读者有不断的惊喜。

记者：说到语言，您对自己的语言风格做何评价？

赵：我的前期作品，以《缱绻与决绝》为代表，几乎是原生态的语言，泥沙俱下。张炜先生曾评价说，这是一种"粗粝美"。但我希望我的语言能讲究一些，精致一些。读者大概会发现，从《君子梦》开始，我语言中的粗粝渐渐变少。特别是两部宗教文化小说，我尽量追求语言典雅一些，与所描写的内容相匹配。

记者：山东作家群曾经影响很大，现在的文学鲁军在中国文坛也依然走得扎实稳健。您认为自己的作品和地域有怎样的关系？

赵：在表现传统文化、地域文化方面，张炜是一个光辉的榜样，譬如，他的《芳心似火》对齐文化的思考是何等精彩深刻。齐鲁大地深受传统文化尤其是儒家文化的浸淫，佛教、道教文化也有流风遗韵。我的创作之所以呈现今天的面貌，与我生长的这片土地不无关系，与我身处文学鲁军这一群体密切相关。

记者：您认为自己的作品在当下有何价值？很多学者认为对您的创作评价过低。

赵：对于评价，我不大在意。能够写出我想写的一些作品，就很知足。当然，我也知道我才力有限，作品有不少缺点。我只是希望，今后能用更多更好的作品，尽可能地表达自己的思考。在当今中国，传统文化影响式微，有些人缺乏信仰，这必将引发一系列社会问题和精神危机。贪欲、争心和戾气，是当今许多人的烦恼之因，也是世界不和谐之因。因此，让写作贴近中国文化之根，展现几千年来滋养了中华民族心灵的好东西，有助于文化重建，有助于世道人心。

2013 年 9 月 11 日《中华读书报》

世心与史心的守望

王晓梦（山东理工大学教授、评论家，以下简称王）：赵老师，很高兴能为您写些什么。仔细阅读您的作品，时常会触动内心深处；您的作品所呈现的生活，尤其是那些乡村生活，时时会唤起我内心的许多回忆。您的作品里处处见出您所走过的足迹，也呈现着您的人生阅历和对生活的深入思考。您的小说里浸染着您的用心和写作理想。从人生阅历上看，您的童年、少年、青年基本都是在乡村度过的。这一点，我和您相似。比如，我也在童年、少年时代经历了物质贫乏的时代，懵懂的心灵世界其实缺乏对贫穷的认知，从不知道什么是人生的理想，也谈不上对文学有任何感知。所以我想先请您就这方面谈谈您的乡村生活时光。这段时光对您的创作最大的影响是什么？

赵德发（以下简称赵）：我1955年出生于莒南县一个叫作宋家沟的山村。饥饿、贫穷、疾病，是我回望童年时挥之不去的三块阴影。我亲历了1960年前后的三年困难时期，至今记得一些树叶、草叶的滋味；我 14 岁时想去公社商店买一支标价为三毛六的笛子，可是家里拿不出这份"闲钱"，我只好用柳树枝做了一支实心笛子整天操练；我是过敏体质，小时候让过敏性哮喘、过敏性皮炎折磨了十几年，经常觉得生不如死。但我恰恰是兄妹五个中的老大，浓重的长子情结让我十来岁时就整天琢磨怎样给父亲减轻负担，妄图将饥饿和贫穷从我家赶走，所以 14 岁那年我主动辍学，回家务农，让本来可以通过升学早早进入城市的我又继续滞留于乡村。我在老家当农民，当教师，当公社干部，娶妻生女，直到 28 岁那年将家搬进县城，才基本上结束了乡村生活。

当然，我的乡村生活并不只是饥饿、贫穷与疾病，血缘纽带，邻里交情，四时八节，五谷六畜，山水草木，村舍道路……现在回想起来，都感觉有许许多多的温馨与美好。最重要的是，我在那些年亲眼看见了历史车轮一次次碾过乡村时的惊人后果，也亲身感受了农民面对历史巨变时的种种反应以及他们在命运上的起伏跌宕。可以说，我与土地血肉相连，我与乡亲们休戚与共。因而，我走上文学创作之路时，必然会从乡村出发，写乡村生活。这是乡村生活对我的最大影响，也是土地对我的慷慨馈赠。

王：是的，乡村生活对我们来说是一种根性的存在，不管在哪里都能让我们时时铭记。其实乡村生活不只是给了我们生活经验，更给予了我们人生的品性。不过，在我偶尔写下些乡土回忆的文字时，会觉得乡村似乎是个文学素材丰富的世界，却并不是一个文学的世界吧。因为在我成长的过程中，其实并没有多少文学书籍可以阅读，尤其是在那个物质和知识都贫乏的年代里。现在想来，我最初的文学启蒙应该算是在不知不觉中产生的。我在小学时代刚好赶上农村到处发动农民扫盲，我伯父是生产队会计,有一次接到大队通知,让去公社拿书,几麻袋的书拿回来后,我竟然找出了不少小说,诸如战争年代小英雄的故事小说,以及关于朝鲜战场的小说。这些小说丰富了我夏天放牛的日子,让我慢慢喜欢上了读小说,尽管不怎么懂。我很好奇,您在更为贫乏的年代里是如何对文学产生兴趣的?除乡村生活在内心的沉积之外,您最初的文学启蒙来自什么呢?

赵:你的文学启蒙很有意思,一边放牛一边读小说,结果读出一个文学教授,哈哈。我的启蒙,来自两只破酒篓。我姥娘家是本村,我小时候经常住在她那儿。她家墙角有两只原来用于牲口驮运的大酒篓,不知什么时候破得只剩了半截篓壳,姥娘便用它装了上百本书。我上学之前,就经常翻看那些书,虽然还不识字,但里面的插图深深吸引了我。等到上学后认得一些字了,两只破酒篓更是成了我的心仪之地。那些书是我姥爷和我三姨的。姥爷出身富户,上过私塾,还去临沂念过"洋学",后来投身革命,1948年牺牲于河南;我三姨作为烈士子女,被政府照顾,免费上学,一直到师范毕业。他俩的书,汇集了新、旧两个教育体系的施教内容。我常常看过姥爷的《三字经》,再去看三姨的《动物学》;看过三姨的历史教材,再去看姥爷的"三民主义"读本。我十多岁时,被篓壳里的文学书籍迷住了。给我印象最深的,是抗战前夕姥爷在临沂买的几本小说集和三姨在中学里读的《文学》课本(20世纪50年代,中学设有《汉语》《文学》两门课程)。记得姥爷买的小说集中有《阿Q正传》《沉沦》《超人》等"五四"时期的作品。三姨的《文学》课本,则有古今中外的许多文学名篇。我参加工作之后,去姥娘家少了,听说那些书后来被老鼠和蠹虫咬得残缺不全,姥娘就把

它们当废品卖了。然而，两篓书早已在我心中播下了文学的种子，十几年之后它猛然发芽，从此决定了我的人生方向。

王：我老家那边的生活习俗很多都和您小说中所写的相同或相近，就像通腿儿这样的细节性生活习惯也一样。所以，我读您的《通腿儿》，一下子就觉得很亲切。《通腿儿》这篇小说给您带来了很多美誉，当年写作这篇小说的缘起是什么？它对您后来的创作有什么样的影响？

赵：1988年秋天我因为痴迷于文学，便离开莒南县委组织部副部长的职位，成为山东大学作家班的一名学员。当时好多人都说我犯傻，我就想赶快拿出像样的作品，证明我犯傻犯得对头。我不断地写，拼命地写，写出一篇后或寄外地，或直接送往省城的各家报刊。不料这些作品中的绝大多数都在一段时间后"完璧归赵"，搞得我这个作家班班长灰头土脸。这种情况持续了将近一年的时间，我对写作越来越没有自信，但又无法回到家乡政界，只能硬着头皮继续前行。我审视一番自己，找出了两大不足：一是读书太少；二是没有找到创作上的突破口。从那以后，我认真读书，广泛涉猎，努力用书本来垫高自己。同时，仔细翻检我的生活积累，决定从沂蒙山往昔生活下手。

一群老太太首先进入了我的艺术视野。在沂蒙山作为抗日根据地的时候，有许多妇女踊跃送郎参军，然而等到她们的"郎"成为城市的主人，却不愿做乡下发妻的主人了。新中国成立初期的干部休妻大高潮，创造了中国历史上一种奇特的婚姻形式："离婚不离家"。我们村有好几位"南下干部"，除了我姥爷早早牺牲，我的一个三爷爷因为年轻，到了南方才成家，其余几人都甩掉了家中的发妻。那几位憔悴不堪的老太太，是我童年时最感困惑的形象。1989年夏天，我重新打量她们,写出了短篇小说《通腿儿》。这篇作品在《山东文学》1990年第1期发表,《小说月报》第4期作头题转载,一年后获该刊第四届百花奖。《通腿儿》的成功,让我获得了自信。有了这份自信,我才在写作道路上坚定地前行,再没回头。

王:您早年当过一段时间的民办教师,所以您的写作中有一部分是写这个群体的。就我而言,我的父亲和叔叔都是民办教师,他们和他们的民办教师同事教我从小学一直到初中毕业。所以,我对这个群体在乡村所经历的生活以及人生负重都有着深刻的理解与体认。关于对民办教师这个群体的书写,我除了之前读过刘醒龙的作品外,还读过其他作家的作品。而您的写作也同样用心很深,写得很感人。站在乡村知识分子的角度上,您怎么看待曾经从事的这份职业?从您的经历出发,您怎么看待这个群体的内心世界?时代的发展,让"民办教师"这一称谓已经成为一个过去时间的特殊称谓,您对这个群体又如何看待?就如刘醒龙《天行者》给予这一群体一种别样的缅怀,那么,您对李传嵯等乡村知识分子是否还会有继续颂写的可能?

赵:我从15岁开始当民办教师,整整干了八年才考上公办教师。这段经历,在我的生命中打下了深刻的烙印;这个群体,也让我有着十分复杂的情感。在中国存在了几十年的民办教师,对于农村的文化发展和文明传承,曾经做出了不可磨灭的贡献。但同时也要看到,这个群体的文化素养普遍低下,确实存在误人子弟的现象。拿我来说,一个15岁的孩子,只上了四个月的初中,就登上讲台,教学效果可想而知。我在这个群体中混了八年,比较了解民办教师的内心世界:他们身上混杂着泥土味儿和粉笔味儿,心里混杂着农民与知识分子的意识流。他们一眼瞅着课堂，另一眼瞅着田野。他们在公办教师同事面前自卑，同时又在纯庄户爷们面前得意。他们中的多数人热爱教育工作，愿意为之投入整个生命，同时又对微薄的待遇感到愤懑不平。他们似乎已经处于劳心者阶层，但又为摆脱不了劳力者阶层的身份而焦虑不安。现在，这个群体已经不存在了，但人们应该记着他们。最近，山东省搞了一次原民办教师调查摸底登记，被很多人解读为要给他们发放补贴，如果真是这样，那将成为政府的英明之举。至于我会不会再写这个群体，目前还没有这方面的打算，因为我觉得新作如果不能超越从前的那一组小说，就不如不写。

王：同意您的想法。民办教师这个词语从现代汉语的角度应该说已经是个即将过去的词了。这一群体从国家层面上也许已经成为历史中的一个存在点。只不过，我想，这一群体作为乡村曾有的一个重要存在，他们始终会在乡村的历史中站着，那么经过历史的沉淀，未来的乡村书写中还会有他们的身影吧。就我的整体阅读印象，您的写作以乡土题材为主。您是否介意作为读者，会把您看作是一个乡土小说作家？您又如何理解乡土小说或乡土作家的写作？

赵：不好意思，我曾经很介意被别人称为乡土作家。我学历不高，出身于农村，进入文坛也是靠了一批乡土小说，那种来自农民子弟骨髓里的自卑感，让我很不情愿被人看作"老土"，很不情愿戴"乡土作家"这顶帽子。我出版了长篇小说《缱绻与决绝》之后，听到有人议论：赵德发没大有文化，但小说写得不错。后一句虽然表扬了我，但前一句让我深受刺激。"没大有文化"？好，我写一部有文化的给你看。于是，表现儒家文化的《君子梦》随后出炉。其实，我这种心理十分可笑。中国就是一个乡土的中国，写好乡土，是中国作家的一份责任。再说，一代又一代的作家都写乡土，能写出名堂很不容易。2012年，白烨先生主编了一套六卷本的《中国当代乡土小说大系》，选编了1979年以来120多位作家的小说作品150余部（篇），其中包括我的《缱绻与决绝》和《通腿儿》，这是对我的鼓励。

王：其实，就我的阅读喜好说，我一向最喜欢读的小说是乡土小说，觉得更有亲切感。尤其是您这一代人写的乡村，总能让我感觉到乡村无限的丰盈性。可能从我个人的乡村经验看，年轻一代的乡村小说作家总是少了许多真正的乡村经验，这导致他们的乡村故事显得浅显，难以深入到我所理解的乡土深处。而您这一代作家的乡村经验却更能显出深刻意义。您如何看待您这一代作家与当下的青年作家的乡村写作？

赵：我认为，我们"50后"这一代作家，对于"苦难"的亲历与思考，是年轻一代作家所欠缺的。他们没经历过饥饿，没经历过"文化大革命"，甚至连农业集体化也没有经历过，所以作品中只是写一些当代农民的生存状态，如打工经历，或者讲述一些村主任与村民的"猫鼠游戏"。这样的乡村故事，大多肤浅轻飘。而在"50后"这一代作家的作品中，你会读到农民所经受的种种苦难，读到作家对于苦难成因的追寻以及如何避免苦难再度发生的诸多思考。当然，年轻作家中也会有伟大作家诞生，他们对于农村历史的思考与表现，可能会超过我们，从而导致伟大作品的诞生。

王：如您所言，可能正是年轻一代作家少有对乡村艰难的体认，也少有对乡村所蕴含的文化丰富性的深刻感受，所以，就目前看，您所说的伟大作品的诞生我觉得还是有点遥远。毕竟年轻的一代多数生活在一个城市化成为中国大地发展主流的时代，似乎他们更为向往城市的生活而忽略乡村，甚至忽略他们曾有的乡村生活经历和亲历的乡村文化。其实，在我写下自己的乡村回忆时，想着现代化对乡村日益深入的影响，想着每一次回到老家看着越来越寂静的村庄，我总是担心那些乡村会渐渐消失，以至于心生悲伤。那么，站在当下，您如何看待您曾生活过的乡村？当下的乡村是否还能提供您所期待的写作资源？

赵：今年，我因为要伺候年迈多病的父母，经常回老家居住，对当下的农村有了新的体认。我感觉到，现代氛围、商业气息，已经在农村广泛弥漫。我们村有 2000 口人，竟然有七家超市，里面的东西与城市超市相比，只是少了一些高档商品而已。看看街上，各种各样的广告画满了墙皮。许多人家有红白喜事，或者来了客人，都到本村饭店开桌就餐。我的一位本家小叔，在本村建筑队打工。有一天他收工后到我家串门，满身尘土，满手水泥，却在说话间隙忙着摁他那个已经磨损得不像样子的手机。我问：你是不是在聊天？他笑着点头：是，这个女的，嘿嘿……在我们村，已经有好几个小伙通过网聊找到了老婆。有的娶回家里，又因为新的网恋而离婚。而且，村中的年轻人越来越少，有些人干脆把家安到了城里。更严重的是，传统观念、家族意识、风俗习惯、是非标准，等等，在农村人那里都有了改变。婚前同居，已经相当普遍。过去同姓人不能结婚，而现在，不出"五服"的近亲男女做夫妻也没人去管。过去有人去世，都要一次次上坟祭奠，尤其是"五七坟"，那是很隆重的，而现在有的人家在举行葬礼的当天就上，理由是大家都忙，不必在 35 天之后再集合一次了……我现在看到的农村，与我小时候经历过的农村，已经大相径庭。我一方面为农村的进步而高兴而振奋,一方面又为传统的消失而忧虑而伤感。当下的农村,肯定会给我提供新的写作资源。

王:我也总在担心现在乡村的年轻人对农村的感情在淡漠,对农村的文化不再有自觉的传承,对亲情看得有点淡了。而对土地,也越来越不如我们这一代有眷恋感了,更不必说和那些老人们比了。您如何理解乡村与土地,人与土地的情感?对于封大脚所代表的老一代农民,您如何理解他们的土地情结,如何看待他们?

赵:土地,是农民安身立命之根本,更是生灵万物之载体。世世代代,祖祖辈辈,中国人对土地都是一往情深,甚至是奉若神明。"土地爷"这个过去在每个村子都供奉的神祇,就是土地的人格化。对于属于自己的地块,农民更是看作"命根子",不到万不得已的时候绝不会放手。为了土地,老一辈农民愿意为之流血流汗,甚至付出生命。我在《缱绻与决绝》中表现的封大脚那一代农民对于土地的情感,都是真实的。地主学祥宁肯放弃被土匪掳走的女儿,也不愿为赎她而卖地,这也是真实的。不过,那是一种因贪恋土地而造成的人格扭曲。可悲的是,自从实现了农业集体化,农民对土地的感情急剧下降。到了今天,新一代农民更是决绝地背离土地,走向城市。不过,今天盯着土地打算盘的城里人却有好多,他们恨不得让农民全部"睡吊铺"(这是被赶上楼去的农民的自嘲说法),以便腾出用地指标供他们在城市使用,以积累更多的资本,赢得更多的财富。

王:这确实是个悖反式的发展走向。只是,我们的经历让我们始终以根性的存在来怀念自己的乡村,这就是所谓的"缱绻"吧。这也是我所理解的乡村土地伦理。所以我们永远难以"决绝"啊。当然,我们对乡村依依难舍的，还包括那些构成了我们人生观、价值观的乡村文化伦理。不过，我对这个一向无法准确表达，呵呵，所以也顺便向您请教一下这个问题。您所理想的乡村伦理形态是什么样的？《君子梦》中伦理道德的挣扎，是否是对您的理想乡村伦理形态的一种挽留？

赵：中国的乡村伦理，是经过2000多年形成的，其中有着浓重的儒教色彩。一个"孝"，一个"悌"，形成经纬，将家庭、家族紧紧地交织在一起。族长、族规、家庙（祠堂）、家法，又作为一个权力系统，维系着血缘关系，维持着道德水准。家族之外，也通过亲戚甚至"干亲"变成了一家人，依从"孝悌"二字拉近了关系。而"三纲五常"，则被上升为"天理"，成为不可冒犯的神圣律条。当然，这种伦理体系也有明显的负面作用，它在某种程度上限制自由，甚至扼杀人性。所以，我在《君子梦》一书中，对其有肯定，也有否定。我不是挽留，算是唱了一首挽歌吧。事实上，那种传统的伦理纲常，很难与现代生活接轨。我认为，在当今农村，一方面要继承过去那些好的东西，如孝老爱亲、和睦邻里、见义勇为等，另一方面，还应搞好公民道德建设，建立一套在现代理念指导下的伦理关系，既保证个人自由发展，又不对别人造成伤害，我为人人、人人为我，以稳定社会秩序，提高幸福指数。

王：离开乡村之前，我会觉得乡村生活总是那么缓慢，一年之中，四季交替，日光流年，似乎变化不大。在乡村文化伦理的规范中，那个小村就一直漫不经心地存在着似的，祥和，安然；可是，又有迟缓，笨拙。真的有一种"天高皇帝远"的感觉，似乎无论如何都融不到现代政治的规范中。当然，在收取各种"提留款"及"交公粮"时，也是有政治的深刻影响的。不过,后面读一些乡村小说的评论,总是会提及乡村政治这个语词。在您看来,乡村是否存在"政治"这一意识形态本身的言说?家庭、权力、政治、乡村,这其中的关系究竟应该如何才是一种您理想的关系?

赵:毫无疑问,乡村存在"政治"这一意识形态本身的言说。人,是社会的人,尽管有"天高皇帝远"的老话,但很少有人能够真正脱离政治。在过去,"民"与"官"是一种对峙的关系,因为感受到腐败官府对他们的欺压与剥夺,所以他们的"清官情结"一直很严重,希望有清官大人为他们做主。同时,他们也梦寐以求能够跻身官僚阶层,掌握权力,荫护家族。进入新中国,农村中的政治空气异常浓厚,"突出政治"一度成为响遍田间地头的紧箍咒,"政治生命"被许多人看得比自然生命更为重要。而被人为划分的"阶级",一次次"政治运动",都对农村秩序、人际关系、生产与生活产生了极其严重的影响。我在《青烟或白雾》一书中,对这一段历史做了很具体的表现,同时也对农村政治的未来走向做了探讨。我认为,家庭、权力、政治、乡村,这各种关系的协调有序,都应该寄希望于民主与法制的建设。民主选举村委会,是一个良好开端,但现在暴露出的恶人政治与贿选现象,也让人深感忧虑。

王:的确,我在读《青烟或白雾》这部小说时,也警醒于这样的"政治运动"对乡村的冲击,让我觉得大有一种乡村的固有存在秩序被击碎的不安与惶恐。不过,我倒想到您的另一部小说《震惊》,里面所呈现的人和事,似乎更接近于我对于乡村政治对普通百姓生活的影响的印象。《震惊》这部小说您的写作初衷是什么?相对于您的"农民三部曲",您能否谈谈这部小说?

赵:《震惊》的写作,缘于我对当年"地震慌"的记忆。1976年唐山发生大地震,在全国许多地方引发了过度反应。临沂地区早被国家有关部门定为地震重点监控区,那时更是人心惶惶,家家都在地震棚里睡觉,人人觉得大难临头,人际关系发生了诸多改变,人性有了种种扭曲。2002年,我根据这段经历写出了这部18万字的小长篇。要说明的是,小说的背景是真实的,但主人公"我"的故事是虚构的。与"农民三部曲"的宏大叙事和百年跨度相比,《震惊》只是截取了一个历史片断。

王:您所说的"地震慌"我也经历了,那时我还不过是一个刚上小学的懵懂孩童,那时的经历留下的记忆并不深刻,只是记得晚上需要穿衣睡,找个酒瓶倒放在桌子上。小孩子吧,也没觉得有多少严肃性,呵呵,可能更多的是觉得好玩。所以在这部小说中,我很惊奇于您书写出的其中的悲剧性。由此,想到我在阅读您的作品中的一种深刻的感受,就是在您的乡村写作中,悲剧性氛围要浓郁得多,尤其是"农民三部曲"总能给读者较深刻的悲剧性阅读感受。这是因为您内心有悲剧性情结吗?还是有其他原因呢?

赵:这不是因为我喜欢写悲剧,而是因为我写到的那一段历史充满了悲剧,作品中自然而然地就会有悲剧性氛围。我希望,今后中国农村不要再有那么多的悲剧发生,能够有祥和的气氛氤氲于土地之上。

王:说真的,我在思乡的时候也会联想到一些悲剧氛围的乡土小说,甚至常常会追问自己,如果有一天,自己生于斯长于斯的那个小村庄,在我的每一年的归去与离开的注视中消失了,是不是最大的悲剧呢？不过，回到乡土小说的写作，我觉得很多写乡土的作家并没有在文字间抵达我期待的乡土灵魂深处，所以这也是我特别推崇您的"农民三部曲"的原因。您是在用灵魂和您的乡村对话，让我感受到您心灵深处带有忧伤的注视。在您看来，乡土写作中真正的乡土精魂是什么？怎样才能让小说抵达真正的乡土精魂？

赵：我认为，被土地滋养了几千年的农人性灵，即是乡土精魂。这个性灵，指中国农民的精神、性情、情感等，虽然有无数个体所表现出的千差万别，但还是有一些共性的东西，并且代代传承，类似于佛教里讲的"阿赖耶识"。一个作家要想写好农民，必须研究这个东西。你研究透了，并且让自己的心灵与农人性灵相通，形成感应，你才能写好农村题材的作品，抵达真正的乡土精魂。

王：那么，我是否可以这么理解，您在抵达您所理解的乡土精魂时，让您的创作从整体上看，始终浸染着浓郁的乡土情怀？即使您写的为数不多的城市题材的小说，也有一种乡土情怀的大度与厚重气质，而没有城市题材惯有的小市民气息。您如何看待您的城市书写？应该说离开乡村走进城市之后，您的城市生活阅历和城市生活时间都要远远大于乡村，您是否想过去书写关于城市的厚重的故事呢？

赵：哈哈，我是一个农民的后代，从哪里来的小市民气息？我在城市居住多年，但对真正的市井生活并不了解。同时我也感觉到，随着城市化在中国的突飞猛进，市民的构成日益复杂，那种所谓的小市民占的比例也越来越小。我在城市居住，是将自己定位于一个现代意义上的市民的。我写到城市，也是努力用现代理念来观照城市生活，努力从人性的视角写好人物。但是，城市题材写作，在我的整个创作中分量不重。今后我可能会继续写一些,力求你所说的"厚重"。

王:其实新生代也好,"80后"也好,这些作家们的城市生活经验是很丰富的,毕竟他们是随着国家30多年的改革开放带来的经济发展长大的,随着他们的年龄、阅历的增长,应该已经到了能写出极具厚重感的城市文学的阶段了。只是,我们目前看到的还真不多,我总觉得他们的都市小说从整体上看显得和这个时代的生活一样有点浮华之感,少有深刻与灵动。您的《挠挠你的手心你什么感觉》这篇小说我想作为城市题材小说还是十分出彩的,您是否认为这是自己最为满意的城市题材小说呢?

赵:这个中篇,是我在2003年写的,发表后被几家选刊转载。有许多读者告诉我,看这小说时是流了泪的。当然,我写作时也流了泪。这是我感到满意的一件作品吧。另外,还有《下一波潮水》《摇滚七夕》等,我也比较满意,有兴趣的朋友不妨看看。

王:说到这个问题,还是要请您见谅,我这次的研究写作中,并没有深入去研究您的城市题材小说。不是有意忽略,而是我的理解与理论所限,我暂时没有找到一个理想的角度介入。以后我会补上这个缺憾。如果说,把您的小说分为三个时期,以《通腿儿》为代表的早期小说写作,以"农民三部曲"为代表的史诗般写作,以及《双手合十》《乾道坤道》的宗教书写,那么您是否同意这样的划分?您如何看待自己写作的这种变化?

赵:我同意你的划分。我的写作就是分为这三个时期。第一个时期,可以看作"不自觉的经验写作"——凭借自己的生活积累,想到啥写啥,没有规划,信马由缰;艺术上,也没有高标准严要求,有些作品显得粗糙。第二个时期，是一种"自觉的经验写作"——虽然还是凭借生活积累，但我已经有很自觉的追求了。第一部长篇小说《缱绻与决绝》，在准备阶段，我就给自己定下标准：要让这部书成为表现农民与土地的顶级作品（当然，《缱绻与决绝》成书之后，还是没达到我所期望的高度）。对"农民三部曲"的整体构思，也是要通过三个主题，表现中国北方农民百年来的历程与命运。第三个时期，便是"自觉的经验之外的写作"了。因为佛教、道教，对我来说都是陌生领域，有关书籍读得很少，宗教界人士更没接触过，一切都在经验之外。但我写作时是自觉的，那就是要通过大量读书和深入采访，努力写好这两部书，填补当代长篇小说的空白，让当代汉传佛教和当代道教的存在形态在我笔下得到生动而具体的展现。同时，倾力塑造宗教人物群像，对宗教与人类的一些问题做出思考。我的写作之所以有这样的三个时期，原因在于我想不断地超越自己。

王：那么，您的宗教书写是不是您一直期待的一种自我超越呢？不过，我更好奇的是促使您的写作转向宗教题材的原因是什么，我想不只是我觉得意外，有时和其他朋友谈到您的创作时，大家也都觉得意外，并且我们也都有相同的感受：您的宗教书写真的有一种填补空白的感觉。毕竟，在我们的认知里，许地山也好，张承志也好，还有金庸吧，他们的作品会有宗教的文化呈现，但只是一种文化的表现，并不是您这样专注地进行宗教的书写。

赵：刚才说了，是我想超越自己。同时，也缘于传统文化对我的吸引。我曾经说过，写《双手合十》的契机，是日照光明寺住持觉照法师让我上山，讨论如何发掘五莲山佛教文化。但仅仅是这样一件事，还不足以让我做出创作上的重大调整,是因为我对神秘而深邃的宗教文化心仪已久,早想学习、探究,所以才在那一刻怦然心动。心动之后,我又想到,中华文化之根就在儒、释、道这些领域,中华文化的一些基因就在这些领域悄悄传承,所以我就形成了一个想法。2009年春天北京大学"我们文学社"邀请我去谈创作,我就把这个想法明确地讲了出来:让写作回到根上。

王:看您写到为了完成小说的写作,去那么多那么远的地方切身体验寺庙生活,真的很感动于您的执着与坚持,那是一种什么样的心劲啊!从《双手合十》到《乾道坤道》,这样的宗教题材写作对您的内心世界有什么样的改变或影响吗?

赵:肯定是有的,而且很明显。我这人原来是个急性子,一遇上事就着急上火,牙疼,嘴唇起泡。年轻时,我的执着心很强,自己想干的事情一定要干出名堂,要实现目标。还有,争心也重。虽然,我对权与利不感兴趣,但对名却特别在乎。举例来说,我当年业余读电大,整天盼望考试。为什么?就为了争那个第一。三年中有五次考了第一名,第六次考了个第二,就很不开心。成为作家之后,我很在乎别人对我作品的评价,对自己在文坛上的座次也比较看重。自从接触到佛教、道教文化之后,"三观"都有了变化,觉得以前的我是多么可笑,心态渐渐平和、平静,执着心、争心慢慢变淡。我尽量用平常心对待一些事情,懂得了随缘任运。一个明显的例证就是:我这十多年从没害过牙疼,嘴唇上的燎泡也十分罕见。

王:《乾道坤道》无疑是一部很有特色、也很有深度的小说。很特别的小说名字,很有人生韵味的人际命运。请您谈谈写这部小说的初衷，是否还有什么您想表达但小说中未尽的意味呢？

赵：谢谢你的夸奖。我写这部书，缘于一位道士的鼓动。我认识日照九仙山中的一位道士，《双手合十》发表后我送给他，他读后大加赞赏，建议我写一写道教。我想，我写了表现儒家文化的《君子梦》，又写了表现当代汉传佛教的《双手合十》，再写一部表现当代道教的，那么我这三部作品就成为反映传统文化的一个系列了，于是就开始读书、采访，用三四年的时间写出了《乾道坤道》。我想表达的，在作品中基本上都有了表达，如果说意犹未尽，有这么两点：第一，考虑到读者的接受程度，对内丹术没能深入细致地表现，本来，我是做了大量研究，并有一些亲身体验的；第二，我最初计划，小说写到逸仙宫建起后还要继续，表现常住道士内部的一些情况，但后来觉得这样有些拖沓，就放弃了。

王：不过，在我浅显的认知里，您的小说一路写来，在此也算是一种圆满了呢。所以我会认为，您的小说世界也可以划为三个世界：一是您执着留恋的乡村，一是您生活的城市，一是您观念里的宗教世界。您是如何处理这三个世界的关系的？

赵：对，是有这么三个世界。乡村，是我的生命之根；城市，是我的栖身之处；宗教世界，是我的心灵归宿。最后一句，并不是说我会皈依某一宗教，成为教徒，而是说，只有传统文化才会抚慰我的心灵，让我对这个世界有更加透彻的认识，让日渐苍老的我平平静静地走向死亡。从另一个角度来说，这三个世界也是可以打通的，出世情怀与入世事业并不矛盾。八年前，我为我的博客相册起了个题目，叫作"今生幻影"，这表达了我对人生的体认。

王：您的写作在我看来一直坚守一种本分的写实传统。虽然乡村题材中有乡村传奇的元素，宗教题材中也会有神奇现象，但并未有过于神秘的色彩。您如何看待这些传奇元素与您小说的关系？

赵：乡村有传奇，宗教有神秘，对此我在作品中有一些描写，但都是根据需要而出现，适可而止。因为文学说到底是人学，不是佛学、仙学，所以我还是要贴近现实写人。

王：借用您的小说，乾有乾道，坤有坤道，呵呵，我这样说有点不合规范，小说的写作是否也会有一种"道"的存在呢？以您这些年一路走来的体验看，您认为您写作的"道"是什么？

赵：这里用得着两句老话："文以载道""道法自然"。我们反对将文学变成工具，但不能否定文学的载道传统。我们有必要把小说写得好看，娱人娱己，但作品还是要以正确的价值观、历史观做支撑，给这个物欲膨胀的社会输送一些正能量。在写作技巧上，我不是十分讲究，一个原因是自己笨拙，在形式上玩不出花样；更重要的原因是，我认为"道"高于"术"，内容大于形式，好作品首先要有好内容。有了好内容，不加雕琢、自自然然地写出来，同样也能打动读者。

王：和您聊这么多，心中一直有一种感动，就是您在写作上的坚守。文如其人，您在小说中氤氲着的厚重气质，和您身上由里而外自然而然的厚重与沉静是一样的。我很景仰您这样的品性。那么，在您看来，一个作家应该具备什么样的品质？

赵：起码要有这三条：善于思考，对宏观宇宙与微观宇宙有独特而深刻的理解；善于观察，能将社会与人生的方方面面收入眼、纳于心；善于表现，能将思想与生活巧妙地编织成作品。

王：最近您出版了一部《白老虎——中国大蒜行业内幕揭秘》，请问，现在报告文学已经是个边缘文体了，您怎么有兴致进入这个文体呢？

赵：《白老虎——中国大蒜行业内幕揭秘》的写作，是因为一个偶然的机缘。2011年春天，我的一个远房表哥到我家，带着他的侄子。他侄子做大蒜行业多年，而且做过两个大蒜电子盘（也就是大蒜期货交易所）的老总，被人称为"蒜神"。他给我讲了大蒜行业的许多事情，还带我去大蒜产区转了一圈。后来，他与他的老板因涉嫌非法经营被捕，至今还在坐牢。我本来想以此为素材写一部长篇小说，写了几万字之后进行不下去，觉得还是写成纪实文学合适。这也算是"随物赋形"吧。

王：我前不久在作协的一次学习会上，遇到一位研究报告文学的评论者，讨论发言时一直在呼吁大家关注这个文体。不知道您对这个文体有什么独到的理解，它还会有再度的如20世纪80年代那样的辉煌吗？

赵：报告文学这个文体确实应该关注。我至今记得20世纪80年代那些优秀报告文学作品给我的阅读感受。求真，是人类的天性之一，那么，真人真事加上文学手段，便成就了报告文学的独特魅力。要看到，非虚构写作在全球越来越占上风，遇到合适的机会和题材，我们中国的小说家、散文家甚或诗人，都可以尝试这种写作。事实上，现在除了一些"报告文学专业户"，跨文体写作的人很多，其中有人就兼写报告文学（纪实文学）。从全国看，每年都有大量此类作品问世，其中不乏优秀之作。然而，与20世纪80年代相比，现在的报告文学写作总体上不理想，尤其是缺少振聋发聩之作。能否再现30年前的辉煌，我说不准，因为一方面要看当代作家的胆识与担当，另一方面取决于社会风气和舆论氛围。

王：和您的小说写作相比，写报告文学有什么不同的感受？

赵：突出的感受，是"痛快"二字。同样遇到一个题材或者素材，如果写成小说，要进一步虚构、变形，使其充分"典型化"，而纪实文学的写作，是怎样就怎样，如实道来，原原本本地告诉读者真相，这是一种痛快。另外，小说讲究用形象说话，将思想藏得越深越好，不主张作品中有过多的议论，而纪实文学写作，作者可以直抒胸臆，对所写的人和事给予评判，发表相关见解，这又是一种痛快。

王：您写过《余生再无战略》，算是对自己心绪的总结吧。那么，现在看，是否还会有更大的战略呢？因为我总觉得您应该还有更深刻的生命体验没有在写作中完成。那么，继续写一部大书来呈现吧。

赵：《余生再无战略》一文，表达了我在56岁时的真实心声。年近花甲了，应该懂得随缘，余生真是再无战略。我明白你的意思，是说我的创作应该更上一层楼，应该表达出更深刻的生命体验。说实话，我对自己的创作也不甚满意，遗憾多多。2013年10月26日早晨，我为了给曲阜师范大学硕士研究生讲课而读《圣经》，一个念头突然萌发，让我激动不已。我在微博里写道："一个念头，一部作品。记住今天早晨，这将成为我创作生涯的重要时刻……"这部书会不会是你和读者朋友们期待的"大书"呢？我将好好努力。

感谢你对我创作的关注与评点！

2013年第5期《百家评论》

从山岭到海洋: 文学创作的精神地理对话

张丽军(山东师范大学文学院副院长、博士生导师、著名评论家,以下简称张):赵老师您好!非常高兴您接受我们的采访。我们在故乡成长,故乡是我们看世界的第一眼,这种影响可能是终身性的。请您谈谈您的家乡,以及家乡对您创作的影响。

赵德发(以下简称赵):谢谢丽军院长,谢谢几位同学。我的家乡在莒南县西南部,我的村子叫宋家沟。村前两公里有东西向的一行山,大小四五座,我们称之为南山,南山之南是临沭县。山不太高,但我从小就看那些山,开门见山。我三年前再次回家,突然发现山上长刺,就是竖起了一些高大的风力发电机,感觉很不适应,觉得从小看惯的山一下子变矮了,变得怪异了,我就写了一篇文章《南山长刺》,来表达我的感受。从山脚下流下的水,向北汇成一条小河,在两公里处聚了一些人家,发展成一个有2000多口人的村庄,这就是宋家沟。村里人大多姓宋,赵姓是第二大姓。这条河继续向西北方向流去,流了十多公里汇入沭河。我的家乡，民国时期属于临沂县。那是丘陵地带，有山有水，但过去十分贫瘠。

张：哈哈，我们沂蒙地区都差不多。

赵：宋家沟比较偏僻，村子东面有道岭，如果站在岭头上，在夏天的傍晚，尤其是大雨初歇、夕阳西下时能看得很远，能看到群山，最高的是蒙山，我们称之为"西北山套"；往北看，能看到莒南县与莒县交界处的马鬐山。那些山，曾让我想入非非，老是猜度山那边是什么样子，觉得很遥远，很神秘。我在这片土地上长大，最早的那批作品，好多是描写这方水土的。

张：我看您写《缱绻与决绝》，提到临沂城传教士的故事。

赵：小时候觉得，临沂是个大地方，离我村子是一百里路。从前属于临沂县的时候，人们打官司，办一些重要的事情，都是去临沂。在那时的传说中，临沂城是个花花世界，有各种场所，可以吃喝玩乐。还有教堂，里面有洋和尚。我爷爷曾经去临沂打过官司。当时我们赵家有一个寡妇，与一个姓宋的光棍有私情，我爷爷就和几个血气方刚的本族兄弟把寡妇嫂子揍了一顿，结果打成重伤，光棍就和宋家人抬着女人去临沂官府告状。我爷爷和兄弟们去应诉的时候，走到临沂饿了，到一个店里吃饭，一人吃了一碗馄饨。一开庭，官司输了，我爷爷他们坐了半年牢。出来之后长辈骂他们，吃什么不好非得吃馄饨，还想案子判得清楚吗？到了有汽车的年代，我们村里人要去临沂，步行十公里，到板泉镇坐车，要花八毛钱买票。为了省这八毛钱，许多人到临沂去拿药或者买东西，都是早早起来赶路，当天晚上回来，走二百里路。那时候的人，脚力强健。

张：这个故乡还是影响非常大的。刚才您也提到您爷爷，长辈中，还有哪一些让您印象深刻的？

赵：我们家是穷人，怎么穷的呢，因为我曾祖父是赌徒。我五叔曾经说，德发，你不是怪有名吗？其实你没有你老爷爷当年有名，在临沂东乡一提赵化玉，没有不知道的。他在临沂东乡很出名，哪里有赌局去哪里，但是很耿直，不赖账。有一次输了，就把他的女儿许配给外村一个瘫子，换点钱还赌债。这让我那个姑奶奶痛苦一生，他却赚得了一个耿直的好名声。我老奶奶嫁给他的时候，嫁妆很多，其中包括一百亩山场、十亩土地。过了没几年，就叫我老爷爷赌光了，只剩下两亩地，"土改"的时候划了个下中农。我小时候填表，看见同学在家庭出身一栏填贫农，十分羡慕，恨我老爷爷怎么不使劲赌，赌成赤贫，我就更加"根正苗红"了。我老爷爷不但是著名的赌徒，还是一个著名的"孝子"。过去老人死后，或三天或七天再出殡，最讲究的要过七七四十九天。我老爷爷当时已经很穷了，他母亲死了，别人要看笑话，说你赵化玉穷成这样，看你怎么出殡。我老爷爷特别有志气，他兄弟五个，他是老大，力主厚葬。他把母亲的尸体放在屋里，用石灰埋起来防止腐烂，然后如礼如仪，每天三次去土地庙"送汤"，每过七天请和尚做一次法事。姓赵的人少，为了"送汤"时多些人气，就花钱雇一些姓宋的小孩跟着，一直到了第四十九天才出殡。这个硬撑门面的"壮举"，在我们当地传颂一时。

我爷爷、奶奶也有些故事。我爷爷年轻的时候赶过驮（duò）子，就是赶牲口搞贸易。家里养着一头骡子，从当地收购花生油之类，到青口去卖，青口是现在的江苏赣榆县城。在路上住一夜，第二天到青口卖掉货物，换了食盐之类，驮到临沂去卖，来回三天，赚一块银元。这是我爷爷当年做的生意。后来新中国成立，实行统购统销，他就不能做生意了。我爷爷结过两次婚，先娶了一个邻村的姑娘，第一个孩子生下来就死了，她也眼看要断气。我老奶奶听信一个偏方：把她的头发煮出血水就好。她烧开一锅水，锅边支起一块门板，让别人将她儿媳妇抬上去，扯过她的头发放到滚烫的水里煮。可是煮了半天，锅里还是清水，儿媳妇的头发虽热，身体却渐渐凉透了。过了几年，我爷爷又娶了一个媳妇，这是我的亲奶奶。我奶奶这人很有意思，她性格豁达，懂得享受。我爷爷兄弟俩都爱赌钱，我二奶奶坚决反对男人赌钱，可我奶奶却支持。每当我爷爷上赌场，她也陪同，而且拿两个煮熟了又染红的鸡蛋，站在我爷爷身后玩弄，动作幅度很大。我爷爷如果赢了，我奶奶就总结道，这是她玩红鸡蛋玩出来的，是她的运气。那些输了钱的赌徒埋怨，说我奶奶晃红鸡蛋，把他们晃晕了才输的。奶奶一共生下十个孩子，存活五男三女，我父亲是老大，奶奶生下最小的孩子也就是我五叔，第二年我父母就生下了我。我生下之后不到两年，弟弟出生，兄弟俩争吃奶水，父亲就把我抱走，送给我奶奶，让我吃奶奶的奶，于是，我又和五叔争了起来。这种事情，今天有人听了肯定觉得不可思议。我奶奶爱吃爱喝，老了儿孙满堂，逢年过节，每当儿孙与亲戚送来酒，她立即要打开尝尝，有多少瓶酒开多少瓶，屋里一直是酒香浓郁。

我父亲没上过正规学校，上过几年"速成班"，突击学习了一些汉字、数字，后来他当了农村金融信用社代办员，负责放款收贷。因为经常背着现金走在乡间小路上，上级发了一杆枪给他，是"汉阳造"。我小时候经常玩这枪，当然是没装子弹的时候。1965 年搞农村社会主义教育运动，我们村的书记因为有错误吓跑了，失联了，上级让我父亲当了大队书记。那年，他30岁。他上任不久，信用社代办员转正，成为国家职工。我父亲一提这事就生气，接他班的那个人觉得自己赚了便宜，想讨我父亲的好，就给父亲介绍儿媳妇。我当时才18岁，坚决反对，不想早早定亲，但我父母决定要，奶奶决定要。父母之命，媒妁之言，让我早早有了媳妇，18岁定亲，24岁结婚。父亲当书记当了20年，比较正直，不以权谋私。那时候，上级经常分来招工指标，我父亲从来不让自己的孩子去，都给了别人。但我父亲脾气很差，经常打骂我母亲和我们兄妹，给我的童年留下了恐怖的记忆。我母亲成分差，出身富农，讲究阶级路线的父亲天天骂她。

我母亲是个大家闺秀，很善良，长相漂亮。母亲的爷爷是晚清秀才，在外面教过几年书，后来当了临沂县第五区石河乡乡长，管几十个村。宋家沟小学，就是他挑头建起来的，建得非常好。我的姥爷，在临沂上过"洋学"，后来我才知道是省立乡村师范。他毕业之后参加革命，当共产党的乡长，在沭河一带，后来担任抗日大学沂蒙分校的教员，再后来在莒县当农场场长。母亲生前向我多次讲过，她八九岁的时候，我姥爷派部下牵一匹高头大马接我母亲和姥姥去那里。我母亲说她骑着大马，村里的人都很羡慕。到了1948年，上级组织干部南下，我姥爷就报了名，去了河南，在洛宁县当银行经理。但是在1949年春天，同去的山东老乡给我姥姥写信，说我姥爷在那里得急病死了。从此，我姥姥就成为烈属。虽然是烈属，但她家是富农，在村里备受歧视，只好把她的大女儿嫁给同村一个成分好的青年，就是我的父亲。对我成长影响很大的是我的母亲和姥姥。我小时候经常住在姥姥家，她谨慎、自卑、胆怯的性格深深地影响了我。

张：我觉得，刚才您提到的您母亲和姥姥的善良、有文化，影响了您性格的另一面。

赵：是的，姥姥经常跟我讲"但行好事，莫问前程"，教育我要与人为善。我的童年时代，充斥着贫穷、饥饿、疾病。虽然我父亲是大队书记，但那个时候没什么可贪的，除了陪上级来人吃几顿好饭。家里很穷，缺钱。我记得那时候家里常常用鸡蛋去换盐、换火柴。本族有新媳妇嫁来，要送五毛钱的喜钱，我母亲要去向别人借。我14岁辍学，自己学会了简谱，就想有件乐器。去公社商店看看，二胡是两块二一把，笛子是三毛六一支。买笛子只需三毛六分钱，但家里也没有这闲钱。我想，先弄个假的练练，就爬到柳树上，砍下树枝做了一支实心笛子。练了一段，指法熟练，曲子响在心里。后来我写了一篇小说叫《实心笛子》，临沂电视台拍成电视剧，在央视也播放过。

小时候总是吃不饱，三年困难时期更不用说。我清楚地记得，那时街上有小孩手头拿着一块地瓜干，产生的诱惑力绝不亚于今天小孩手里的一块巧克力。到了春天青黄不接，家里吃了上顿没下顿，我跟我母亲经常上山挖野菜、采树叶。有一天中午要做饭了，母亲难为无米之炊，就去菜园里把一棵玉米拔下来，把上面还不成熟的两个玉米棒子掰下来，连同玉米秸捣碎，做成绿饼子给家人吃。我小的时候并不知道春天是美的，因为春天缺粮，是个很可怕的季节。我到了17岁那年才觉得春天美好，那时我在县师范参加为期半年的音乐培训班，用地瓜干换了粮票，整天吃白面。到了暮春时节，有一天晚上，我在校园里看到杨树叶子长了出来，映着月光，暖风一吹哗哗作响，教室里传出同学们弹风琴、拉二胡的声音，我突然感觉到春天真好，才知道春天是美好的季节。因为在那之前每到春天，我母亲就愁眉苦脸，一家七口人吃饭成了大问题，我也跟着犯愁。我小时候有好几种疾病：一是家族遗传给我的过敏性哮喘。我经常是喘不上气，用了好多办法也治不好。二是荨麻疹。5 岁那年得病，全身常常长满红疹，让我备受折磨。直到我 12 岁那年，父亲带我步行八十里路去汤头泡了两天温泉，回来才渐渐好了。我小时候性格内向而自卑，受我姥姥的影响，也因为这些疾病。

张：刚才您提到受教育，比如说辍学、县师范等，这个过程是什么样的？

赵：我上学很少，在接受教育方面先天不足。我小时候整天跟五叔一起玩，五叔 7 岁那年上学，我也要去，但人家不要，说不够年龄。那时候规定的入学年龄是 7 岁。但我耍赖，非要入学，记得第一天上学，一年级语文已经教到了第九课，是四个字："米面豆子"。宋家沟小学是"初级小学"，最高的年级是四年级，我在这里读完，就转到三里外的圈子村，那里是"完全小学"，有五、六年级。上五年级的时候是 1965 年，宋家沟到那里读书的只有六个同学，包括我的五叔，老师让我当组长。组长好当，"好事"难做。学校要求每个学习小组放学后都要做好人好事，第二天向班主任老师汇报。我们每天放了学就去修路，晚上回到村里帮五保户挑水、扫地，等等。有时候找不到好事做，就愁坏了我，因为向老师汇报的时候会受批评。到了六年级，宋家沟小学也改成了"完小"，我们又在本村念。然而，这个时候"文化大革命"开始，学校停课了。我辍学后在家里干活，主要任务是下地拾草。

13 岁那年冬天，生产队年终分配，我们家像往年一样，不但没分到钱，还要"倒找"。什么叫"倒找"？就是我父亲挣了一年的工分，算总账时抵不上全家人分的口粮折价，必须向队里交口粮款。我突然想，我是长子，我必须挣工分，帮父亲分担家庭压力。但是冬天里怎么挣工分啊，我发现了一个门道：拾粪。因为生产队鼓励这件事，每天早上都有人在粪场等着，捡来粪就给你过秤，一筐粪能挣两三个工分。于是，我每天早上天不亮就起床，背着粪筐在村里转悠。英雄所见略同，捡粪的人太多了，村里的人畜粪便早早被人捡光，我就到村外去，到山沟里去捡。有时看不清楚，就把黑石头也捡到筐里去了，到天亮一看，"赝品"多多，就把它们从筐中剔除。我挣了工分回家，心中充满自豪。父母心疼我，劝我不要去，但我不听，每天早上照捡不误。那时候没有手套，两只手背都冻肿，开裂，甚至流血。后来我不再拾粪，但是手背每到冬春之交都要肿起来，显示这部分皮肉记性良好，这种状况持续了好几年。所以，这些年我每听到一些人二三十岁还自称男孩女孩，我就生气。我想，我13岁就觉得自己是个大男人了。那年冬天拾粪，我完成了我的成人礼。

1969年，圈子小学办起了初中班，那叫"小学戴帽"。我和本村一些同学就去读初中。去了之后发现，那个初中班不正经上课，又是"学农"，又是"学军"。"学农"，就是去生产队干活。"学军"，就是学习军事知识，准备打仗。老师教"旗语"，我们没有旗子，就拿着小棍棍比画。又练习"抓特务"，选出几个同学当"特务"，到学校西边的岭上藏起来，其他同学去找。我们起初还抓得很起劲，觉得好玩，后来就没有什么乐趣了，因为"特务"就是自己的同学。那一天，别人又去"抓特务"，我到一棵松树下坐着发呆。西南风把树刮得摇摇晃晃，松花随风飘散，像一股股黄烟。我知道，这个时候是种花生的季节，大人们都在地里忙活。我与其在这里闲着，不如回家干活，帮大人挣工分去。放学回家，我跟父母说了这事，父母谁也没吭声。第二天我去生产队要求干活，队长说你去割驴草去。我们生产队有四头驴，每天要吃八筐草，我和另一个男孩到山上割，上午割回两挑子，下午割回两挑子。我一天挣六个工分，六个工分相当于三毛钱，这就给家里帮大忙了。这就是我的原始学历。

张：那您后来又接受了哪些教育？

赵：30岁之前没有任何文凭，让我羞愧多年。我参加工作后经常要填表，在"文化程度"一栏写下"初中"二字，我就脸红心虚，觉得欺骗了组织。我14岁那年割驴草，15岁那年，生产队办了粉坊，把我派去当会计。但我不光是记账，还要干活，每天早早起床挑水，一挑就是几十担，或者"添磨"，就是守着一盘被驴拉动的石磨，往磨眼里不停地添加泡好了的地瓜干，把它磨成糊子，好做成淀粉。最让我发愁的是做粉条，那个时候我负责烧火。院子里有一口大锅，我把水烧开，粉坊里的壮汉用漏瓢舀上一些淀粉糊子，高悬于锅上，一边转动一边敲打手腕，让粉条漏到锅里煮熟，几个姑娘随即捞出来晒干。我烧火，要让锅里的水始终保持沸腾状态。我拉着风箱，添煤拨火，烟熏火燎，昏昏欲睡。干到秋后，我父亲突然对我说：你教学去吧。我一下子傻了：教什么学？他说学校扩班了，老师不够，三个村的书记商量了一下，找了几个，你是一个。我说不行呀，我才上了几天学？父亲说，识仨教俩，怎么不行？识仨教俩，意思是认识三个字的人，就可以教认识两个字的人。50年后，我给曲阜师范大学带研究生，有的学生毕业后想当小学老师，那是识千教俩了，还是不容易当上，要花钱参加培训班，再去参加统一考试。世事变化，何其大也。

张：当小学教师是多长时间？

赵：十年。先是民办教师，后来是代课教师，1978年又考上了公办教师。那年山东省招一万名公办教师，条件是教龄八年，获得三次以上县级优秀教师称号，我就报考了。当时我已经不教小学了，在一所联办中学教副科，就报考中学语文教师。其实我连一堂中学语文课也没讲过，却考上了。我们公社去了几十个民办教师，就考上了三个，因为我平时读书多一些。记得考完语文出来，一些人在讨论一道填空题：写出鲁迅三部小说集的书名。有人说，一部是《彷徨》，一部是《呐喊》，另外一部是什么呢？我想，我知道，我填上了——《故事新编》。因为那时候我把《鲁迅全集》看完了。我十六七岁的时候，用大队团支部的借书证，经常去县图书馆借书看，那是我第一波读书高潮。第二波读书高潮是上电大，在当公社秘书、县委秘书的时候。

张：您考上公办教师，怎么又当了公社秘书？

赵：转正之后，我得到重用，领导让我教中师函授班，给全公社参加中等师范函授班的民办教师上课。此后，公社教育组又成立重点班，把优秀的中学生选拔出来，分为初中、高中两个班，目标是考小中专，选了七八个优秀的老师去教，让我去当教师组长，那年我23岁。这两个班的学生毕业后，我被派到一个学区负责。没有校长，我是教导主任，相当于校长。我那年24岁，负责一所联中、八所小学。那里的教学质量，本来在全公社六个学区是排在最后的，我去了一年，上升到第二。我又去求管理区领导，求八个村的书记，费尽艰辛，给学校建了两排新教室。建好之后，1980年秋季开学不久，我突然被调到公社，当了组织干事。为什么调我过去？因为之前我在公社通讯组帮过忙，他们知道我会写稿子。当了一段组织干事，又当秘书。1982年春天，公社书记从县里开会回来说，小赵，县委办公室要调你去当秘书。当时我想，到那里干什么，我现在干得挺好，离家也近。别人说，你还是到县里好，在那里有发展前途。那时候，我和县委办公室领导并不熟悉，只是开会时见过面，是因为我的材料写得好，被他们看中了。那年5月份，我到县委办公室报到，从那个时候开始上电大。

为什么上电大？为了拿文凭，更是为了搞创作。24岁那年，我还在联中当教导主任的时候，有一天晚上忙完了，就从书架上拿了一本《山东文艺》，那是《山东文学》的前身。上面有一篇文章，是一位业余作家谈他怎样走上创作道路的。我看后心想，他能行，我能不能行？我也要去当作家。那是一个秋天的夜晚，我彻夜难眠，脑子里只有一个念头：今生今世，要搞创作。于是，我写了一篇又一篇，写完就往外投。1980年夏天，《大众日报》发了我一篇杂文，赚了五块钱的稿费，我全部花掉，买糖分给同事，让大家分享我的喜悦。之后又写小说，写散文，统统失败。我当公社秘书的时候，正好开始实行农村家庭联产承包责任制。我想，这是一次农村大变革，当年柳青写《创业史》记录农业合作化，成了经典，我也来上一部。我白天跟着书记骑自行车下乡，回来在办公室写材料，晚上九点之后开始写作，写了半年，完成一部十余万字的小说。写完后抄出来，寄到北京的《十月》杂志。寄走之后梦想发表，梦想获奖。正做着好梦，一个大信封寄来，拆开一看，稿子完璧归赵。编辑的退稿信说，你的小说题材挺好，但是达不到发表的水平，只好退还给你。我遭受严重打击，头发大把大把地掉，脑后出现两块斑秃。有一天我觉得鬓角发痒，用手一摸，嗬，右边鬓角全掉下来了。痛定思痛，我知道是自己功力不行，决定扎扎实实打底子。那时候正好山东电大中文专业招生，可以在业余学习，我就报名了。到公社中学找了二十一本书，包括语文、政治、历史、地理。我用十六天看完，去县城考试，成绩在两百多名考生中名列第一。考完之后，我被调到县委办公室，边工作边学习。星期天是集合辅导时间，但我老婆孩子在家，有地要种，不能参加学习。我是县委秘书，每天工作繁忙，有大量材料要写。那三年真是忙坏了，但我也做得不错。1984 年底，我被提拔为县委办公室副主任，分管文字工作。一年后又被调到县委组织部担任副部长。电大学习，三年六次考试，莒南教学班七八十个人，我五次考第一，一次考第二。顺利拿到电大文凭，那是我人生中的第一张文凭，到这时候我才有点底气。这三年，我还发表了十来篇小说，加入了山东省作家协会。

张：这是哪一年？

赵：1985 年，我 30 岁。我到县委组织部当副部长，并被列入县级后备干部。那时很多人恭维我说，你一个农村孩子，走到这一步真是可以了。但我的人生大目标还是当作家。但我没时间写作，有时候看到同龄人写出好多作品，会出一身冷汗。1988 年春天，山东大学招收作家班，我决定弃政从文去报考。许多人不理解，我父亲气得摔酒瓶。但我矢志不渝，参加成人高考，考了个全班第三名。

张：这个山东大学作家班，是首届，还是后来有的？

赵：首届。本来是山东省作协与山东大学联合举办，后来省作协决定不办了，山东大学接了过去。若干年之后又办了几届，也办过函授班。山东大学作家班给我的最大收获，就是让我改变了长期从政形成的固化思维，有了自己的文学观，获得了创作的能力。我去作家班后，有些同学知道了我先前的身份，都不理解。我想，得赶紧证明我的能力。但能力并不是简简单单就有的，我在那里写作、投稿，但多是遭退。那一段时间我非常苦闷，在洪家楼散步，黄昏时分，看到蝙蝠在教堂上空飞来飞去，心想，我离开了家乡官场，这里的文学界也不接纳我，我是一只非禽非兽无所归依的蝙蝠了。但我知道，开弓没有回头箭，我必须咬紧牙关往前走。我大量读书，认真读书，用书本垫高了自己，终于写出了成名作《通腿儿》。

张：1990至1991年，我在莒县一中上高中文科班。我们班里传阅《山东文学》，上面就有您的作品，《通腿儿》这篇作品是个突破，是个标志。

赵：我读了些书之后再回头看家乡，就有了新的发现。这篇小说的素材从何而来？是我们村有几个老太太，都是被进城后的南下干部抛弃的。我姥爷早早牺牲，姥娘就与她们不一样，成了烈属。那些女人的形象与故事，我一想起来就难过。我就以"通腿儿"的生活习俗做线索，写了两个女人的命运，表现历史车轮碾过我家乡那块土地的时候引起的变化。有些人本来过的是惯常日子，八路军突然来了，有人去参军抗战，他与家人的命运便发生了根本的改变。

张：刚才您提到放弃仕途，可能今天还有很多人不理解。您说24岁那年偶尔萌生当作家的念头，这个念头竟然那么强烈？

赵：非常强烈，任何诱惑都不能动摇。

张：您没有思考为什么会这么强烈吗？

赵：不知道。干这一行，可能是我的宿命吧。

张：这很有意思，包括您做了副部长之后读书，都是因为这个愿望。

赵：这个念头再也没动摇过。作家班毕业后，我到日照工作。领导问我想到什么单位，我说我要等着文联成立，在那里搞创作。我后来负责筹建文联，1993年文联成立后担任驻会的副主席，一边工作一边创作。过了几年，市委常委、宣传部部长找我谈话，问我要不要从政。我说部长，您让我干什么？他说，当副部长行吗？我说不行，我不能再从政。2002年，山东省作协换届，我忝列主席团，有关领导、文坛前辈都叫我到济南，我说谢谢，我不去，我就在日照安安静静地读书、写作。

张：您能取得这么多成就，也是因为这种坚定，这种选择。您写出"农民三部曲"来，这是一个更大的突破，也是才华和能力的展现，这是"农民三部曲"的意义和价值。

赵：到1994年，我发表了上百万字的中、短篇作品，但觉得这些都体现不出我的生命价值，我必须写长篇小说。开始先写了一部《缱绻与决绝》，写完之后，觉得我对农村的展现还可以继续做下去，素材没有用完，这样就有了"农民三部曲"。可以说，这三本书，用了我全部的生活积累和创作激情，这是八年时光的结晶，是我创作生涯第一个阶段的总结性的作品。

张：我读完您的"农民三部曲"，感觉非常震撼。大概是2001年前后，我第一次去拜访您。当时我在读硕士，是无名之辈，您亲自接待我。我在东北师范大学读书的时候，一位老师跟我说，你们山东有一位赵德发老师，小说写得很棒！我听了之后很感动，于是找了作品来读，决定去拜访我们这位地方文化名人。从咱们初次见面到现在，也快20年的时光了。您是家乡的骄傲，我觉得像您这样的人，都有着坚定的内心。在"农民三部曲"写完之后，您又有哪些新的思考？张炜主席评价您的作品有历史深度。

赵：在那之后，我又写了两个小长篇，一个是《震惊》，写临沂1976年闹"地震慌"，在《中国作家》上发表；第二个是《魔戒之旅》，是一部旅游小说。我去新西兰看我女儿，女儿安排我和她妈妈参加了一个旅行，沿途好多景点都是电影《魔戒》的拍摄点，非常漂亮。走了一个小时，我突然意识到我不能这样白白地走下来，我得记录。于是，我下车去路边店买了个小本，一边走，一边记，一边拍照片，回来写了一部小说，发在《作家》上。那几年，我还写了几部中、短篇，一边写一边考虑下一步要写什么大的作品。想来想去，觉得不能再写农村，因为很难再有突破，我不想在一个平面上滑行。也是机缘凑巧，日照五莲山光明寺住持觉照法师，他当时担任山东省佛教协会会长，捎话让我上山研究如何发掘五莲山佛教文化。我在上山之前，为了跟法师说话，就找了一本书看，那本书叫《向智识分子介绍佛教》。这时，一个念头突然出现：我写写当代汉传佛教吧。这个计划确定后，我开始读书、采访。先去五莲山，住在那里参加早晚课，与和尚交谈。然后走访了许多寺院，读了上百本书，这个过程很复杂。最后写出一部《双手合十》，在《中国作家》2006年第一期发表，《长篇小说选刊》同期刊载，单行本由江苏凤凰文艺出版社出版。日照九仙山里有个九仙观，观里有个赵道长,见了我说,你《双手合十》写得真好,你写写我们道教吧,我们也有很多故事。我就愉快地答应了,又开始了新的一轮采访,走了许多地方。这时我遇到一个道士,叫张高澄,他原来是高干子弟,在浙江大学任教。1980年全国气功热的时候,他参加了一个气功论坛。有一个老道士上场,让人测量他的心电图,这心电图是直线的,没有心跳了。小张老师大吃一惊,心想怎么会这样呢?后来才知道,这人是天台山全真道南宗传人,这一招叫气住脉停。张老师放假以后上山,拜他为师,开始修炼。1987年,他去美国留学,学计算机,毕业之后没回来,一边开着计算机公司,一边收徒传道,有好多洋弟子。这期间他的师父羽化了,他就邀请大师兄上美国传道,大师兄是个女道士,坤道。师兄去了美国没几天,死在那里了,他就把她的遗体送了回来。当地政府挽留他,说您不要回去了,留下住持天台山吧。他就没走,正式出家。他的经历太传奇了,博客文章写得也好。我全打印下来,有一二十万字,作为我的研究资料,并且在博客上发纸条联系他。我说,打算写一部反映当代道教文化的长篇小说,想去拜访您,不知尊意如何?他很快回话:欢迎赵老师上山,贫道清茶伺候。我就去了,到天台山住了几天,几次长谈之后,就决定把他当作原型进行写作。他回国之前的故事基本上都有原型,回国之后的故事是虚构的。完成后发表在《中国作家》上,单行本由安波舜先生策划,在长江文艺出版社出版。这两部书,加上反映儒家文化的《君子梦》,就成为我的"传统文化小说三种"。神奇的机缘,让我有了这么两次大规模的采访。这是我人生中的一大幸事,现在想想还很自豪。

张:我觉得,您采访佛教和道教的这些记录,都可以形成很好的非虚构作品。

赵：对，我本来是有这个计划的。打算再写两本书，非虚构的，分别反映佛教、道教当今状况。我真的想写，因为有好多材料没有用上，好多思考在小说当中没法呈现。但是后来我咨询了一下安波舜先生，他说这样的书很难出版，我就放弃了。

张：我建议可以先写出来。因为这些东西和记录很珍贵。有一些作品，我们可能现在发表不了，以后还有机会。哪怕不出版，就先放着。这种资料要留给后世，要有史料意识。因为这些是别人不可能得到的东西，他写不出来。我们说，要搞文化传承，这就是一个传承点。

赵：这些采访很值得写，比如说你在网上查少林寺、大悲寺，会出来许多资料，两边会形成对比，一个说如何奢华，一个是如何简朴。这两个我都去过，都有些独到的见闻，有些比较深入的思考。

张：我觉得写这三部传统文化题材的小说是一个挑战，您能够写出来，成功的经验在哪里？

赵：如果要总结一下，我可以说出三条：

第一条，勇猛精进。这是佛家用语，就是不畏艰难。汉传佛教，很多人觉得这个题材难写，我偏偏要写，坚决要写，而且挑了最深奥的禅宗。我塑造了一群禅僧的形象，主人公就是一位青年禅僧。《乾道坤道》主人公的原型，在美国学计算机，我最初也写他搞计算机，我甚至还研究了一段时间的"云计算"。后来想，我写云计算干吗？它与我写的主题有啥关系？后来改了，让他学生物科学，参与人类基因组测序，那是20世纪人类三大工程之一。他身体内部基因有缺陷，家庭成员活不过50岁。我让他通过道教修炼，使身体变得健康，这符合"表观遗传学"原理。我把科学和宗教放在一起考量,有的朋友说,这是"高难动作"。

第二条,打成一片。不是简单的采访,要用一种真诚的态度,去和出家人交朋友,和他们一起吃住,参加劳动,和他们打成一片,这样才能了解他们的所思所想和宗教生活。在这个过程中,我有过许多奇遇,很有意思。

第三条,紧扣精髓。这是一个核心问题。譬如说,《君子梦》紧扣儒家精髓,让主人公考虑如何改造世道人心。《双手合十》,我让主人公思考如何让禅的精神走向普通人,最后提出了"平常禅"的主张。《乾道坤道》,则突出生命意识,"我命在我不在天",通过个人的修炼改变自身。

张:"人类世"概念的提出也是一个新的高度,关于这一点您是怎么看待的?

赵:《人类世》的创作,源自我在媒体上看到的一个新概念。2011年,我看到世界地质学会在讨论一件事情:地质年代,要不要以"人类世"取代"全新世"。2000年,有一位诺贝尔奖获得者保罗·克鲁岑认为,地球的地质年代现在正处于显生宙新生代第四纪全新世,全新世尽管只有短短的一万来年,但是自从英国工业革命以来,人类的活动影响加剧,大大改变了地质沉积,地质沉积当中留下了人类的痕迹,应该有一个新概念命名这个时代。我的创作冲动,一下子被激发了,就开始关注这件事情。2013年春天,我到济南开会,路上又想起这件事,就一边走一边记录思绪,回来后写了一篇一万多字的散文《突如其来"人类世"》,发在《文学界》上。那年的10月26日,我早起读书,读

《圣经》，又来了灵感。为什么读《圣经》？因为我给曲阜师范大学传媒学院研究生开了宗教文化系列讲座。读到"立虹为记"一节，我心中突然冒出一个念头，要写一部关于"人类世"的小说。我就马上发了一条微博："一个念头，一部作品。记住今天早上，这将成为我创作生涯的重要时刻。"然后我就开始读书，大量读书，读地质历史学、天文学等，进行构思和采访。这部作品写出后，发在2016年第一期《中国作家》上，第三期《长篇小说选刊》转载，由长江文艺出版社出版。

张：对这部作品的评价和思考，我觉得还应留在后面。前年我看到国际叙事协会在瑞典要开一个关于"人类世"叙事研究的会议。我很想以此为例来谈一谈。很荣幸，正好有机会可以读到您马上要出版的新长篇小说《经山海》了，又一部经典大作要出来了。《经山海》，这个名字有什么含义？

赵：去年年初，《人民文学》主编施战军先生给我打电话，说写一部反映新时代的长篇小说吧，我就答应了。但是我知道这样的小说太难写了，命题作文，现实题材，说不定会出力不讨好。我说，我尽力而为吧。一开始，脑海中跳出一个乡镇女干部的形象，她在一个镇里生活，这个镇我起名为"楷坡"，书名也叫《楷坡》。我边读书边构思边采访，发表在今年第一期《人民文学》的散文《崮下》，就是采访沂蒙山区之后写出来的。我还去日照的农村和渔村，去了好多地方。申报中国作家协会重点扶持选题时，改名为《历经》，因为主人公是学历史的。书中还写，主人公的闺蜜去南极，回来讲"鲸落"现象，鲸鱼死后给海中生灵造福。主人公深受震撼，觉得很壮美。我最初的构思也是让她死掉，于是小说名字又改为《鲸落》。但战军主编建议，别让主人

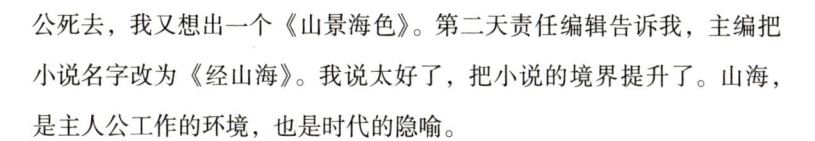

公死去，我又想出一个《山景海色》。第二天责任编辑告诉我，主编把小说名字改为《经山海》。我说太好了，把小说的境界提升了。山海，是主人公工作的环境，也是时代的隐喻。

张：这个题目比较好，一下子就发出光芒来了。这个作品也是一个新的高度。其实我对这个题材真的很关注，因为这是我们当下正在发生的东西。里边主人公的命运、乡镇的命运、时代的命运都结合在一起。

赵：写一个乡镇，因为是现实题材，往往会写浅，这是常犯的毛病。我也看过很多这样的作品，都是就事写事，编造一些故事罢了，很浅薄。我说我必须超越这些，写出深度。怎么写出深度？我运用历史眼光，写出历史感来，让主人公从山东大学历史文化学院毕业。她出身农家，姐妹五个，她爹重男轻女，从小把姐妹视为蒿草，叫她们小草、小蒿、小蓬等，吴小蒿排行老二。她从小下定决心，要长成一棵树给她爹看看，于是努力学习，考上山东大学。听老师讲述历史上的仁人志士，具备了家国情怀，也想干一番事业。但是因为当初穷，她的一个高中同学是"官二代"，品质恶劣，一再追她。到济南上学的时候还追，学费是他拿的，吴小蒿不得不委身于他，最后不得不嫁给他。就是这样的婚姻，造成她人生的悲剧。她到了一个海边城市，在区政协工作，十年之后，深深厌倦这种一眼看到底的生活。这时组织部门招考科级干部，她就报考，被录用，然后被派到一个沿海乡镇当副镇长。这样就开启了她个人的新时代，也使我们看到了一个半农半渔乡镇的新时代。山海代表着这个镇，一半是山，一半是海。她在那里经受历练，一步步成长，由副镇长当了镇长，成为一个有担当、有情怀的干部。但是我把她写得有血有肉，她有她的苦恼，有她的不幸，有她的人生信念和人生追求。她又是学历史的，会用历史眼光来观照当下，她遇到的事情，她做的事情，都透射出历史的意义。写到一些农村、渔村、龙山文化遗址等，都透射出历史的积淀。虽然只写一个镇，但我尽量让这里文化内涵丰厚。

张：从《人类世》到《经山海》，从沂蒙山到海洋的书写，我很期待。因为赵主席在日照这个海边城市生活这么多年，对海洋文化的感受，或者说接受大海的滋养孕育，肯定是很明显的。我很期待一部以海洋文化为主题的创作，有新的东西出来。这也是我们以往中国文学的一个缺失，海洋题材的缺失。中国人和海洋打交道的历史的呈现，特别是我们当代这一块可能更多。您提到了黄海冷水团，这在海洋文化、海洋知识和理论方面，已经达到一个很高的高度了。

赵：那是书中写的"深海一号"，大型全智能深海养殖网箱，国之重器。现实中叫作"深蓝一号"，日照一家企业从青岛订制的，已经投入使用将近一年。以后还要继续造，造若干个，在离岸130海里的地方建成一片"海洋牧场"。

张：我很期待您的笔下有更多海洋题材的作品。

赵：我是1991年初到日照工作的。到了海边，我对大海非常敬畏，也非常迷恋，一直梦想写一部反映海洋渔业的长篇小说。我曾经在海边一个大型对虾养殖场挂职半年，当副书记，还到岚山等地采访过渔民。我写过几个短篇，但当时有别的创作计划，写"农民三部曲"，后来又写"宗教文化姊妹篇"，就搁置下来了。根本的原因，还是觉得心虚，觉得需要了解的实在太多太多。海洋太深邃，太博大了，海洋生物、渔业捕捞、海上养殖，以及天、海、人之间的关系，需要进一步搞清楚。直到写《人类世》，我才将故事的发生地放在了海边，《经山海》也是。这两部，可以叫海味小说，海边的气息很浓郁了。但是，这都不是真正的海洋题材小说，我那个蓝色之梦还是存在着。下一步，我打算经过几年的努力，最终写成一部这样的长篇小说。

张：除了要写一部海洋题材的小说之外，还有没有其他的创作计划呢？好几年前在曲阜开会的时候，一天晚上我们聊天，您说了一番话让我很感动。您说，您已经年过半百，要珍惜自己的时间和精力，写出几部好东西来。这体现了作家对文化生命的自觉意识，我记到心里去了。人要有这份担当。我们的生命是有限的，不能随意浪费，要做一些好东西出来。所以，您写出这几部长篇都是我所敬佩的。

赵：你说得对。人生是有限的，也是无常的。有限，在你可预期的范围内；无常，则无法预料。所以，要珍惜创作生命。

张：我认为您这个年龄肯定是最好、最有智慧的。写作的生命力会集中爆发，成就一种大智慧的东西出来。

赵：但愿如此。好在我目前还能写得动。要看到有限和无常，把自己的每一部作品都当作最后一部作品来写，甚至当作遗作来写。至于未来规划，那要看老天给我多长时间。如果还能给我一段时间，我争取在三五年之内再好好写一部长篇小说。那是我的第十部长篇。

张：这个我很期待。因为这一块别人写不了。有些东西不是所有人都写得了的。一方面需要文化的积累，一方面还要有一种大的情怀。我觉得山东作家，像张炜，他写《独药师》《艾约堡秘史》，都呈现出一种很大的情怀来，这恰恰是我们齐鲁文化厚重感的体现。所以我们去年给您开的一场研讨会上也提到，您的写作从地域文化、乡土文化、沂蒙文化、齐鲁大地文化到中华文化，这一种文化的使命感、传承感，同样很动人。这是一种自觉。后来您也提出来，写作是一种修行。这也很动人。您的创作也触及我们今天的文化建设这一主题。我们国家层面提出要打造中华新文化，我们叫创新性发展、创造性转化，这块您有什么思考？

赵：过去中国的读书人，一直有强烈的使命感，张载用"横渠四句"做了表达。咱们取第一句：为天地立心。就是为社会树立价值观。我们作为一个知识分子、一个文人，应该认识到这个使命，用作品来参与这件事情。我虽然没有多少能力，也要尽力而为，做出自己的贡献，用作品传播一些优秀的文化理念，给人们在价值考量的时候提供一些参照。通过作品形象地表达自己的观点，对社会发声，这就是参与社会文化建设的一个姿态和途径。

张：这非常好。我们用文学说话，用文学来推动这种文化建设。非常感谢赵主席。这次采访，我也很受教育，您虽然接受的是一种不完整的教育，但自己做一个有心人，去成长，去开拓，坚定信念，持之以恒地探索，终于一次次获得成长的飞跃。赵老师是我们家乡人的骄傲。

2019 年第 3 期《百家评论》

追梦四十年

对著名作家赵德发来说，2019 年是一个名副其实的"大年"。

从 1979 年某个秋夜的"突生一念"算起，赵德发在文学这条路上已经走过四十年。2019 年，恰逢新中国成立 70 周年，日照市建市 30 周年，这是一个特殊的时间节点。在这举国欢庆的时节，赵德发也迎来了自己文学创作成果的大丰收———长篇新作《经山海》获得第十五届全国精神文明建设"五个一"精品工程奖，并入列"新中国 70 年百种译介图书推荐目录"，有关方面正在准备拍成电视剧；非虚构作品《1970 年代：我的乡村教师生涯》出炉热卖；《白老虎》在《啄木鸟》杂志 1984—2019 年"我最喜爱的精品佳作"评选活动中获奖。

犹记 2016 年，赵德发出版了长篇新作《人类世》，并办理了退休手续，他对朋友说"此生已完成"，并表示，余生所得，皆为天赐。时隔三年，自称"此生已完成"的赵德发却"鼓了一个大红"，成效、荣誉纷沓而至。

自然，这绝不是天赐。

十月的日照，金秋送爽。本报记者再访赵德发，寻脉他的文学路，以启迪读者。

记者（《日照日报》记者徐晓清）：在您非虚构作品《1970年代：我的乡村教师生涯》的宣传语中有这样一句话，"那些持久自律、努力、自尊生活的年轻人，最后都怎么样了"，深深打动了我。无疑，这是对您的一种评价，也是您生命历程的写照。我看到济南文史学者郑连根先生写的一篇书评，说您这本书是一部"作家前传"。了解您的人都知道，因时代的原因，您14岁就辍学了。以"小学学历"起步，到成长为著名作家，这本身就是值得书写的励志故事。再说一说？

赵德发（以下简称赵）：说来惭愧，我文化底子很浅，三十岁前没有任何学历，不用说大专、高中、初中，甚至连小学的文凭也没有，因为我没读到小学毕业，来了"文化大革命"，学校停课了。后来又读了四个月初中，因为学校与我向往的样子相差甚远，便决定辍学。多亏15岁那年当上了民办教师，让我又回到学校，亲近书本。因为上学甚少，以至于参加工作后每次填表，在"学历"那一栏填"初中"，我都感到心虚，觉得是欺骗了组织。我当乡村教师整整十年，从15岁到25岁，从民办教师到代课教师再到公办教师。那些年，我非常自卑，觉得自己当老师是误人子弟，好在我比较努力，自强不息。"那些持久自律、努力、自尊生活的年轻人，最后都怎么样了"，是编辑宣传时加上的。我那时也算是这样一个年轻人吧。那十年间，为了弥补自己的不足，我一直在拼命学习，后来总算成功了，23岁考上了中学语文教师，

24岁成为学区负责人，管理一所联中、八所小学。正应了西方著名心理学家阿德勒的那句名言："成功是自卑情结的过度补偿。"

记者：您在四十年前萌生了当作家的念头，一路走来，您是否有过迷茫，都经历了哪几个阶段？

赵：1979年秋天，我还在教师岗位上的时候，看到一本《山东文学》，突然萌生了当作家的念头。就是这样一个偶然的念头，决定了我的终生。然而，我那时基础太差，文化准备先天不足，要想走上文学道路谈何容易。后来经历过许多失败，无数次退稿，但我一直矢志不渝，屡败屡战，就这样一步步走了过来。直到今天，我还是庆幸自己选定了这样的人生目标。因为我越来越觉得，文学是一种非常美好的东西，是人类创造的一种非常独特的表达方式，她能再现生活，表达情感，陈述思想，揭示人性，值得我终生追求，甚至为之献身。从那以后，"以文学为宗教，把写作当修行"这两句话就成了我的座右铭。

四十年的创作道路，分为这样几个阶段：

第一阶段，准备不足，懵懵懂懂（1979—1989，10年）。我25岁被调到党政机关，先当公社秘书，后当莒南县县委秘书，29岁担任县委办公室副主任，30岁担任县委组织部副部长，要当作家的想法却从没动摇。然而，我在创作上的准备严重不足，对文学所知甚少，虽然发表了一些作品，但都幼稚而粗浅。我决定扎扎实实打底子，就从1982年开始在业余时间去电大中文专业学习，三年之后拿到了平生第一张文凭。但是，县委组织部的工作太忙，没有时间写作。1988年春天听说山东大学招收作家班，我立即做出了报考的决定，并得到县委主要领导的批准。然而考入作家班之后，在长达一年的时间里还是写不出像样的东西，非常苦恼。

第二个阶段，略微开窍，方向不明（1989—1994，5年）。我在山东大学认真读书，用全新的眼光审视我的生活积累，终于明白了小说应该怎样写。于是，我在1989年暑假写出了短篇小说《通腿儿》，先在《山东文学》发表，后被《小说月报》转载，获该刊第四届百花奖，让我对自己的创作有了信心。两年的学习生活结束，我来日照工作，至1994年发表了上百万字的中、短篇小说。但这个阶段，我方向不明，没有规划，想到啥写啥。

第三个阶段，倾尽积累，描画土地（1994—2002，8年）。我审视自己的早期作品，觉得不足以代表自己的生命价值，决定创作长篇小说，并且将表现对象明确地定在农民与土地的关系上。我写出了长篇小说《缱绻与决绝》，此后又写出了表现农民与道德的《君子梦》，表现农民与政治的《青烟或白雾》，都在人民文学出版社出版。这是我对农村历史变迁的全面表现，对农民命运的深入思考，也是对家乡那方土地的深情回报。

第四个阶段，突然"出轨"，写"经验之外"（2003—2012，9年）。2003年秋天，我因一个特殊的机缘，决定创作一部反映当代汉代佛教的小说，经过读书、采访，写出了《双手合十》。接着，又写了一部反映当代道教文化的《乾道坤道》。这些传统文化领域，超出我的经验，之前我从未涉足，被朋友戏称为"创作上的出轨"。这期间，我还写了长篇纪实文学《白老虎——中国大蒜行业内幕揭秘》，也属于我经验之外的范畴。

第五个阶段，转身向蓝，讲海边故事（自 2013 年至今，已有 6 年）。我在海边工作、生活近三十年，有好多积累与感受，受"人类世"这个地质历史学新概念的诱发，我开始写海边的人和事。我先写了一部《人类世》，去年又写了一部《经山海》。

我创作四十年，得八百万字，总算给自己的初心有了一个交代。

记者：四十年，矢志不渝，真不容易。您如何处理繁忙的社会活动和潜心创作之间关系的？有没有想偷懒的时候？

赵：我的早期写作，都在业余。工作与创作肯定有冲突，但我还是尽量挤出时间。1981 年，莒南县相沟公社在全县率先实行联产承包责任制，身为党委秘书的我，心想当年著名作家柳青经历农业合作化，写出了《创业史》，我也遇上了一段非常重要的历史时期，也应该写上一部。白天，我尽职尽责当秘书，晚上 9 点后搞创作，一般要熬到半夜，整个公社大院没有第二个人知道我在写小说。半年后，一部十万多字的大中篇写成了，题目叫作《在那冶红妖翠的河边》。作品完成后，寄给了北京一家杂志社，仅仅过了半个月就"完璧归赵"。长期的劳累加上创作的失败，给我造成了严重打击。当年秋天，我的头发大把大把脱落，还出现了好几块明晃晃的斑秃。我当时很茫然，自信心降到了最低点。

工作与创作的冲突，后来差一点把我给毁了。那年我在莒南县委当秘书，有一天刚参加完电大期末考试，极其疲惫，却必须连夜修改书记在全县四级干部会上的讲话。我晚饭没能吃，想睡一会也睡不成，闭上眼睛，脑海里全是闪电，接近崩溃的状态。后来有人来串门，我起来与他说话，才转移了注意力，让大脑恢复正常。我意识到，要"工作创作两不误"，那是痴心妄想。所以我就决定弃政从文，去山东大学学习创作。

毕业后，我来到日照工作。幸运的是，这里的一些领导非常支持我的创作，让我在文联工作。2001年，我给市委写报告，请求从事专业创作，也得到批准。从那时到现在，尽管我的社会活动还是较多，但是创作没有受到大的影响。近二十年来，我已经养成了习惯，每天早晨五点起床写作，写到八点，即使白天有活动，也不耽误。如果白天没有活动，早饭后我要睡一会儿，然后处理杂务，看看订的几份报纸；下午，或者继续写，或者改稿子，或者看看资料，为第二天的写作做准备。我的心理调适能力也还行，无论遇到多么烦恼的事情，或者急需处理的事情，一旦坐到书桌前，都会暂时将那些事情置之脑后，将脑神经转换为"写作模式"。收工后再转换过来，该干啥干啥。

关于有没有偷懒的时候，我可以这样说：基本上没有。这么多年来，除了大年初一这天不写，除了出差在外不写，我没有一个早晨不在书房工作。就连前几年，我经常回老家伺候生病的父母，也是早早起床，趁着他们没醒的时候写上一会儿。我没有多少才分，靠的就是"勤奋"二字。"天道酬勤"，是我信奉的真理。

记者：据了解，您的《经山海》是"命题作文"，创作时间并不长，却获得了巨大成功。《人民文学》主编施战军评论："新时代现实题材的长篇小说中，目前《经山海》的成就应该是最高的。"这个评价实在是高。请说一说《经山海》的创作历程。

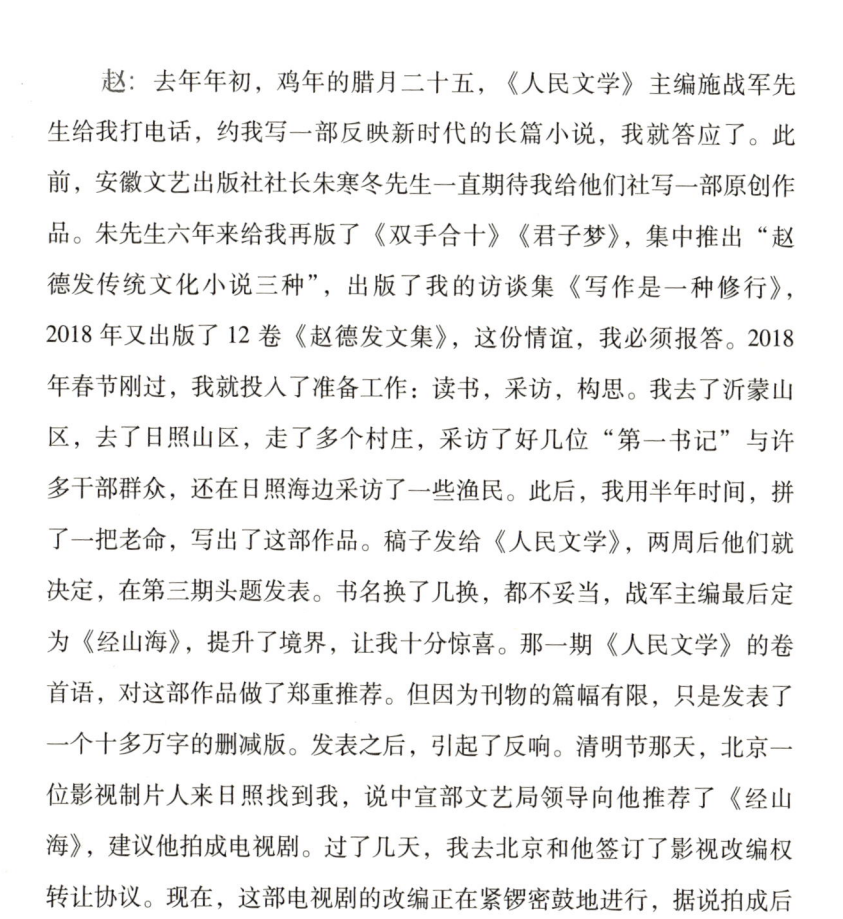

赵：去年年初，鸡年的腊月二十五，《人民文学》主编施战军先生给我打电话，约我写一部反映新时代的长篇小说，我就答应了。此前，安徽文艺出版社社长朱寒冬先生一直期待我给他们社写一部原创作品。朱先生六年来给我再版了《双手合十》《君子梦》，集中推出"赵德发传统文化小说三种"，出版了我的访谈集《写作是一种修行》，2018年又出版了12卷《赵德发文集》，这份情谊，我必须报答。2018年春节刚过，我就投入了准备工作：读书，采访，构思。我去了沂蒙山区，去了日照山区，走了多个村庄，采访了好几位"第一书记"与许多干部群众，还在日照海边采访了一些渔民。此后，我用半年时间，拼了一把老命，写出了这部作品。稿子发给《人民文学》，两周后他们就决定，在第三期头题发表。书名换了几换，都不妥当，战军主编最后定为《经山海》，提升了境界，让我十分惊喜。那一期《人民文学》的卷首语，对这部作品做了郑重推荐。但因为刊物的篇幅有限，只是发表了一个十多万字的删减版。发表之后，引起了反响。清明节那天，北京一位影视制片人来日照找到我，说中宣部文艺局领导向他推荐了《经山海》，建议他拍成电视剧。过了几天，我去北京和他签订了影视改编权转让协议。现在，这部电视剧的改编正在紧锣密鼓地进行，据说拍成后将在央视播出。

为了让这本书更加完善，安徽文艺出版社还出了"试读本"，在《人民文学》杂志社专门召开了改稿会，请十几位著名评论家提意见。根据他们的意见，我又做了一番修改。此书出版后，获得"五个一工程"优秀作品奖，入选"新中国70年百种译介图书推荐目录"，中央人民广播电台决定在《小说连播》节目中播出此书。国庆前夕，中国作协重点作品扶持办公室、山东省作协、《人民文学》杂志社、安徽文艺出版社共同在京召开了《经山海》研讨会。该研讨会系中国作协"庆祝新中国成立70周年"系列研讨会之一。中国作协党组成员、副主席阎晶明出席会议并讲话,三十多位专家到场发言,日照市委宣传部领导也到会致辞。大家对这部作品给予充分肯定,让我受到很大鼓励。他们指出的一些不足,也为我今后的创作指引了方向。

记者:从媒体上得知,您刚被青岛大学聘为驻校作家。此前,您已经被山东理工大学聘为驻校作家,还担任曲阜师范大学的硕士研究生导师,有人说您是"学者型作家"。请谈谈您这些年来与大学的交集和体会好吗?

赵:三十一年前,我走进山东大学校门,从此与大学结缘。这些年来,先后应邀在北京大学、山东大学、山东师范大学、上海师范大学等高校讲过创作。2000年,被曲阜师范大学聘为兼职教授;2011年,被曲阜师范大学聘为兼职硕士研究生导师,带了6届16名研究生,2018年被评为该校优秀研究生指导教师。2014年,我和张炜、李浩、徐则臣一起,被山东理工大学聘为驻校作家(2017年续聘三年,又增加了雷平阳、胡学文、海飞、刘玉栋)。2019年10月,被青岛大学聘为驻校作家和讲座教授,被临沂大学聘为特聘教授。到大学里讲课、带学生,担任驻校作家,给我提供了难得的机遇。我学养不够,必须逼迫自己见贤思齐。高校里学者云集,有许多现当代文学的研究专家,他们的学术观点,给了我好多启发。大学生都很年轻,充满青春活力,与他们交流,能了解他们的新潮想法,见识一些新生事物。与驻校作家们在一起，也能相互交流、相互促进。担任山东理工大学驻校作家以来，我就从几位"同驻"那里学到了不少东西。今年六月份，我与张炜主席做了一场对话——《文学与我们今天的时代》，他思路敏捷，见解深刻，让我充分领略了一位大作家的风采。

去年秋天，山东师范大学中国现当代文学重点学科带头人约我写一部传记，全面反映著名学者、国家名师朱德发先生的辉煌人生。我从今年春天开始采访，接触到朱先生的许多同事、同学和弟子，这些人多是博士、教授、博导、政要，更让我开阔了眼界，增长了见识。

频繁出入一些大学，也让我熟悉了高校生活，增添了生活积累，助力了创作。举例来说，我在长篇小说《人类世》里，写了一位地质大学的老教授和他的研究生。如果没有大学经历，我是绝对写不出来的。

当"学者型作家"，是王蒙先生最早提出来的，意思是作家要像学者一样广博、睿智，让作品有充沛的文化含量。我将此作为自己的奋斗目标，多年来一直努力读书、思考。尤其是定下某个写作选题之后，会集中阅读某个领域的资料，从中有所发现。这种"主题性阅读"，有效地帮助了我的写作。譬如说，我写《双手合十》《乾道坤道》，就读了大量佛教与道教文化书籍，并且做了笔记，加上深入寺院与道观采访，保证了作品的知识密度与内涵深度。

记者：您在 2019 年 4 月 15 日的博客中写道："今天早晨，灵感像朝阳一样喷薄而出，蓝色之梦从混沌到清晰。我毕生追求的好小说，大概就是下一部了。"能透露一下，这会是怎样的一部小说吗？动手了吗？

赵：还没动手。我一直想写一部海洋题材的长篇小说，但一直没有想清楚怎么写。那天早晨，我起床后去书房，准备继续写别的一篇东西，没有料到，刚一落座，脑子里灵光一闪，这篇作品就突然成形了。我很激动，就在微信朋友圈和博客上发了消息。然而，一部长篇小说的问世，是一个长期的过程。我年事已高，再写新作决不能草率。我要让灵感继续发酵、酝酿。不久前我去贵州一家酒厂采风，了解到他们的制酒过程："投粮下沙"之后，要经过九番蒸煮，八轮发酵，才能将美酒酿出。我也要像一个酒坊工匠那样，精心操作，耐心等待。如果老天赏给我充足的时间，我争取再给读者奉献一份醇厚之作。

2019 年 10 月 29 日《日照日报》

文学的种子要发芽,无可阻挡

山东作家赵德发以其"农民三部曲""传统文化三部曲"享誉文坛,用温情而理性的笔触传达了对故土、对文化的审美理想,这自然离不开家乡农村生活的浸染。"我认为,人有两次诞生。第一次,是生理学意义上的;第二次,是社会学意义上的。"20 世纪 70 年代,15 岁的赵德发当上了山东省莒南县相沟镇宋家沟小学的一名乡村教师,经过多年不懈的努力,克服了今天年轻人难以想象的困难,成长为一名作家。

在新作《1970 年代:我的乡村教师生涯》中,赵德发将个人命运置身于时代背景之下,真实记录下 20 世纪 70 年代一个乡村教师的心路历程。从乡村教师到县委组织部副部长,再到专职作家,赵德发回顾往事,"也许是我生来揣了一颗文学的种子,它要发芽,无可阻挡"。

为历史记录细节

记者(齐鲁晚报·齐鲁壹点记者曲鹏):您在 30 多年的创作

历程中，发表了大量有分量的农村题材的小说，为何关于"乡村教师"题材，您选择了非虚构的写作方式，写出了这本《1970年代：我的乡村教师生涯》？

赵德发（以下简称赵）：谢谢你对我创作的关注。的确，我写过好多农村题材的长、中、短篇小说，尤其是起步阶段，主要写沂蒙山往昔生活与乡村教育。后面这一类是十几个中、短篇小说，发表后结集，1994年由明天出版社出版。我还曾设想，用一部书名为《蚂蚁爪子》的长篇小说表现乡村文化教育，但一直没能付诸实施，当我年届花甲终于想写的时候，却改变了主意。我想，与其将我积累的素材进一步虚构、加工，鼓捣成一部小说，还不如用非虚构的方式，将我的经历原原本本写出来，为1970年代的乡村教育留下一份个人化的真实记录。时代史由个人史汇合而成，为历史记录细节是知识分子的一份责任，我觉得这样写更有价值。

记者：在时代的裹挟下，1970年，15岁的您走上本村小学的讲台，当起了民办教师，持久自律、努力、自尊生活。随着时间推移，您的人生目标、理想追求不断转换，并通过不懈努力使之成为现实。在那个闭塞的年代里，您如何会有着超出周围同龄人的眼界与执着？

赵："持久自律、努力、自尊生活"，这话不敢当，因为我当年没有自尊，只有自卑。只能说，我为了拥有自尊的生活，一直在努力着。人生目标与理想追求，不是一成不变的。我14岁时想，努力若干年，当上大队会计；17岁在县师范学习，一心想考临沂师范音乐班，这样的见异思迁，基本还停留在生存需求的层面。然而我24岁时突生一念，要当作家！这个目标定得无理由、无厘头，连我自己都无法解释，为何那么狂热而执着。现在想想，也许是我生来揣了一颗文学的种子，它要发芽，无可阻挡。这也说明，精神层面的追求，自我实现的需求，会更深沉，更持久。

记者：为了让自己成为一个合格的教师，您读完了姥娘家两个破酒篓里的旧书，还骑车到40里地外的莒南县图书馆借书看。那个时期，有哪些书对您影响深刻？

赵：那时读的书，还是文学类对我影响大：姥爷20世纪30年代在临沂读乡村师范，留下的"五四"文学作品选；三姨20世纪50年代读中学，使用过的《文学》课本；还有我在县图书馆借阅的鲁迅著作以及许多文学作品，等等。那些书，都为我提供了重要的精神营养。

为师 "教学相长"

记者：2011年您被曲阜师范大学传媒学院聘为兼职硕士研究生导师，再次成为老师，情境、心境必然与40年前不同。您认为为人师表最重要的是什么？

赵：我被曲阜师范大学传媒学院聘为兼职硕导，有点"滥竽充数"的意思，可能因为文学与影视剧艺术相近的缘故吧。再次成为老师，面对的不是几岁、十几岁的孩子，而是20多岁、经历了大学本科教育的年轻人。我的心态与当年完全不同，首先想到的是"教学相长"。我带出6届16名学生，在教给他们相关知识、指导他们完成毕业论文的同时，自己也学到了好多东西。有多位学生的研究课题，让我拓展了知识结构。他们也让我了解了年轻人的思想与生活方式，为我的写

作增添了素材。

我在长篇小说《人类世》里写了一位地质学教授与他的弟子们,如果没有硕导经历,是写不出来的。为人师表,就是要"学而不厌、诲人不倦",人品与学问俱佳。我应山东师范大学中国现当代文学重点学科之约,刚刚写成一部《学海之鲸——朱德发传》,书中的主人公,2018年去世的国家名师、著名学者朱德发先生,就是为人师表的楷模。

记者:20世纪70年代的教育方式和教育理念固然存在很多弊端,但在普及教育方面还是迈出了一大步。书中有许多当年农村基础教育的现场实景记录,跟现在的教育方法和理念相比,您认为哪些是值得当下的教育界反思的地方?

赵:40多年过去了,中国的教育可谓天翻地覆,教育的目的、理念、内容、形式,都发生了巨变。20世纪70年代的诸多做法,现在的年轻人听了会认为是天方夜谭。但是,改革开放以来的中、小学教育,又被高考指挥棒引向了另一个极端。把亿万学生放到一个模子里挤压,是中国现行教育制度最值得反思之处。教育科学告诉我们:学校教育如果只注重模仿、服从与重复练习,而忽视发展学生的辨析能力与独创能力,其结果只能培养他们机械性的低级能力,不能发展构成人类特有的智慧、才能、情感与意志。从这个角度考虑,当年实行"开门办学",强调"德智体全面发展",还是有一定道理的,只是在执行上出现了一些问题。

八百万字构筑文学园林

记者:书中写道,那个年代里,您的信念就是要"走出宋家沟,彻底离开农村"。之后用八年时间创作的"农民三部曲"（《缱绻与决绝》《君子梦》《青烟或白雾》），却依然可以看到您对乡村故土的深厚情感。十年的乡村教师生涯，对您的文学创作有着怎样的影响？

赵：我14岁辍学，15岁到25岁在农村当教师，整整十年。这段经历对我创作上的影响，一是直接催生了一批乡村教育题材的作品；二是让我在农村继续浸染，彻入骨髓地感受土地上发生的事情。这成为我的精神财富，对我书写各类题材都有很大帮助。

记者：随着城市化的快速发展，城市的生活方式蔓延到乡村，您认为建立在农业文明基础上的乡土文学，其当下存在的意义是怎样的？

赵：中国的城市化进程汹涌澎湃，其速度与广度让人瞠目结舌，第一、第二、第三产业，已经密集地交叉于城乡之间。我有幸被拉进我们村包村干部建立的微信群"美丽家园——宋家沟群"，群里各类广告频发，涉及各行各业。他们的言语与志趣，也与过去的父老乡亲迥然不同。各种视频软件，年轻人都用得很顺溜，自制了许多小视频。上个周末我回老家，竟然在一个村子里发现了美容院的招牌。所以我想，传统意义上的乡土文学，已经基本丧失了存在的基础，今后要改称"乡村文学"了。"乡村文学"的意义，在于表现传统农民走向终结的历史进程，表现城市化、全球化大背景之下的世道人心。

记者：除了"农民三部曲"，您还完成了"传统文化三部曲"等著作，关注人类的精神世界。您把写作比作一场修行，勤奋而虔诚。在修行中您有哪些收获？

赵：我在文学道路上已经跋涉了40年，曾说过"写作是一种修行"这话。"勤奋而虔诚"，我做到了，不然，凭我30岁之前没有任何文凭这一条，就不可能跻身作家行列。"修行"中的收获，首先是将文学视作我的宗教，虔敬之，痴迷之，让我这卑微的生命有了存在的意义。其次，通过"修行"，从迷惘到觉悟，认识到天地格局，人的位置以及人心的复杂程度，从而对自己的"三观"一再校正。再次，40年的专心琢磨，让我掌握了对汉字的堆砌技艺。尽管我称不上能工巧匠，但以汉字为建筑材料，也垒得了鸡窝，建得起楼房，从短文到长篇，用八百万字营构了我的文学园林。虽然这个园林可能速朽，但我已经尽力。

续写"蓝色系列"

记者：您个人有什么阅读偏好和阅读习惯？能否向读者推荐几本有助于在焦躁的现实世界里安顿精神与心灵的书籍？

赵：我的阅读是有偏好的。我读文学作品少，读人文著作多，哲学、宗教、历史、天文、人类学、未来学等，这些年读了不少。我认为，读了中外文学史，读了代表性的作家作品，"望断天涯路"，知道前辈与同辈的优秀作家都堆起了哪些高山，就可以了，没必要把生命耗费在阅读平庸作品上。读人文学科的书，可以让你透彻地理解宏观世界与微观世界，洞察历史与未来，让你的作品立意高远。我的阅读习惯，多是采取"主题性阅读"：每当确立一个写作项目，就大量搜集有关书籍来读，并且做笔记。譬如说，我写《双手合十》，读了一百多本有关佛教的书，记了好多笔记，还对一些书做了内容索引。写《人类世》，则恶补了地质历史学的大量知识。

让我荐书，我向读者朋友推荐以下几本：一本是张炜主席的《我的原野盛宴》，让我们分享他用纯美文字烹制而成的又一场文学"盛宴"；一本是日照作家夏立君前年获鲁迅文学奖的散文集《时间的压力》，体会他与古人对话时的视野与高度；一本是吴军的《智能时代》，了解大数据与机器智能会给人类社会带来哪些改变，知道我们正站在怎样一个时代转折点上。

记者：您近期还有什么写作计划？

赵：我打算再写一部长篇小说，书名叫《蓝调子》，与《人类世》《经山海》组成"蓝色系列"。这是我的第十部长篇小说，要进一步读书、采访，用几年时间慢慢完成。但愿我这部作品呈现出浓重的"蓝调子"，给读者朋友以新鲜感，不辜负大家的厚望。

2020 年 4 月 25 日《齐鲁晚报》

审视乡村中的传统文化根脉

一、赵德发先生您好，您 1950 年代出生在农村，对乡村中的传统文化肯定有很多了解，能谈谈这方面的感受吗？

赵德发（以下简称赵）：好的，我 1955 年出生于山东省莒南县的一个山村，那个村子较大，约有 2000 口人，文化积淀也厚实一些。我从小就深受传统文化影响，以我身体上的一个印记为例。我是一个戴过耳坠的男人，左耳垂上至今有打洞的痕迹。为什么戴耳坠？不是为了扮酷，是为了满足前辈的一个愿望：传宗接代。时间退回到 60 年前，在我的家乡会看到一些戴耳坠的男孩，他们大多是长子长孙。他们出生后第三天，由奶奶或老奶奶亲自动手，给他在耳垂上扎眼儿，戴上耳坠。据说，这耳坠能维系主人性命，保证家族繁衍，去香烟断绝之虞。孩子戴着它长大成人，到了洞房花烛之夜，媳妇亲手给他摘去。摘去后留给儿子，儿子留给孙子，代代相传。

我戴的耳坠，是爷爷传给我父亲的。父亲真的戴到结婚这天，由我母亲给他摘去。第二年我出生之后，奶奶亲手将那耳坠给我戴上，我一直戴到九岁。那时这项风俗渐趋消失,戴耳坠的男孩越来越少,上学时每每有同学讥笑我,这天我忍无可忍,找个无人的地方悄悄摘下。回家后被母亲发现,她从我兜里搜出,要再给我戴上,我两手抱头坚决不肯。母亲只好收起,说留给孙子再戴。我老婆在我们定亲后第一次到我家,就发现了我左耳垂上那个不再通透的耳眼儿。她怀孕时向母亲问起耳坠的下落,母亲说:"不知放哪里了,找不到了。"后来,我有了女儿,没有儿子,奶奶、母亲和我老婆一致认定,原因就在于我早早把耳坠摘下,后来弄丢了。这种男孩戴的耳坠,用银子打制,约三厘米长,圆柱形状,在靠近底端的地方还有一圈细沟。为什么搞成这个样子,我起先不明白,后来读了《性崇拜》一书才恍然大悟:那是男根的象征,昭示着生命延续,属于传统的生殖文化。

我小的时候,整天浸润在乡村文化的汪洋大海之中。譬如说,在一个冬日,我会遇到这些事情:早晨上街,可能看见街边贴着帖子:"天黄黄,地黄黄,我家有个淘夜郎。过路君子念三遍,一觉睡到天大亮。"我停住脚步,对着那个时代的自媒体念上三遍,因为我想当君子呀。这个早晨,还可能听到有鞭炮响起,那是有人结婚,我跑去看热闹,看新娘长得俊不俊,看她在一位妇女抛撒的麦麸(取谐音"福"之义)中踏入婆婆家门。到了晚上,小孩子要去闹房,要糖果子吃,那个热闹场面一言难尽。这个晚上,我还可能到一个老人家里,听他讲民间故事,还可能去听书。冬闲时,村里经常请来说书艺人,每天晚上说书,说三国,说岳飞,说杨家将,一说一两个月。我听那些扣人心弦的故事,不知不觉间接受"忠孝仁义"等传统理念。我们正听着书,还可能听见村里有人哭,那是死人了。如果去看,大概会看见死者儿子哭哭啼啼,到路口为逝者的灵魂指路:"爹,您去西北明光大路,甜处安身,苦处使钱!"不只是一天,一年到头,四时八节,都有各种各样的习俗，各种各样的禁忌，有大量传统理念进入我的潜意识，决定着我的言行。

二、从您戴耳坠的年代至今，60多年过去，传统文化在当今的乡村中发生了哪些变化？

赵：变化非常之大。一是流逝，二是革新。

传统文化的流逝，方方面面，数不胜数。譬如说，过去，好多不识字的庄户人不知道"儒家"为何物，但他们知道"孔圣人"，非常尊崇他。形容有些村庄不开化、不文明，他们会说，"那是孔圣人没到过的地方"。我从小就听他们讲一些关于君子小人的话语，"天上星多月亮少，地上人多君子稀""宁给君子提鞋，不跟小人同财"，等等。在我家乡，过去骂人最狠的是什么话？不是问候某人的老母，问候他的姐妹，而是说他"伤天理"。天理是什么，我小时候不懂，后来才知道，那是儒家讲的"三纲五常"。说你"伤天理"，是对你人格的否定，杀伤力十足。儒家理念是与宗法制度相结合的，过去好多家族都有祠堂，也叫家庙，制定"族约""家训"，约束族人。族长与族老权威极重，谁家发生了难办的事情，这些老人到场，一言九鼎。这种"长老统治"，在过去是根深蒂固的，农村中的秩序在很大程度上靠它维持。在"长老统治"之下，无论大人还是小孩，都按辈分摆正自己的位置，对长辈恭恭敬敬。举一例子：我小时候偶尔"坐席"，就是参加宴会，不能乱说乱动，唯长辈马首是瞻。上了好菜，最年长的人举筷子，大家才能举筷子，他将筷子伸向哪个盘子，我们只能随着他夹那盘菜。在我心目中，一位长辈，哪怕年龄比自己小，哪怕长得歪瓜裂枣，他也是高高在上，比我尊贵。后来，"长老统治"渐渐崩塌，各个家族不再有公认的族长，即使有一些族老，也没有多少权威。一些年轻人不把长辈放在眼里，他们信奉权力和财富。有人公开声称，有钱就是大爷，家庭意识十分淡薄，宗法理念荡然无存。

过去宗法制度的一个核心理念是"孝"。孝行突出者，会受到人们的普遍尊敬。然而这些年来，不孝敬老人的现象很多。有人孝顺，那些不孝者讥讽他"谝孝顺"，意思是炫耀自己孝顺，孝行竟然成了毛病。我们村有一位老太太，是我老婆的一个堂姑。有一年我和老婆在老家过年，去她家串门，老太太声泪俱下控诉她的几个儿子，还把半袋子黄豆提给我们看。那是她的一个儿子按约定给她的供养，竟然是特意挑出来的次品，颗粒小，多数已经坏掉，散发着霉味儿。她的另一个儿子，做法更是奇葩：他爹春天给他两百块钱，托他买化肥种地，他收下钱却不送化肥来。老头问他，他说，这钱我留下了，算是您给您孙子娶媳妇的喜钱。老头说，某某（他孙子小名）还小，娶媳妇还早着呢。他儿子说，就是呀，您要是早早死了，到时候谁给他喜钱？这种"高瞻远瞩"，简直是匪夷所思。我回老家时，还听说过更让人愤慨的事情：有的老人病重，儿子或儿媳妇去庙里烧香磕头，不是祈愿老人康复，而是央求神灵快快把老人带走，别留在世上祸害儿女！当然，这是极端的例子，孝敬老人的还是占到大多数。过去儿女不孝，老人有饿死的，现在政府给非城镇户口的老人发补贴，每人每月一百多元，即使儿女不管，他们也不至于饿死。

民俗的消逝也是多方面的。譬如说，麦祭。过去每年收了麦子，各家各户都要"上麦坟"。他们认为，麦子是天底下最好的粮食，他们带着一种对上苍感恩的心情，欢欢喜喜收割，收下来磨出面，做好面食，要先让父母品尝。"上麦坟"就是将香喷喷的白面馍馍供到祖坟前。几年前，在我家乡发生了这样一件事情：一位农村妇女在城里看孙子，到了快割麦子时向儿媳妇提出，要回去一趟。儿媳妇不同意，说家里有别人收麦子，用不着你。但这女人还是要回去，这天又说这事，儿媳妇依然不许，婆媳俩吵起来。儿媳妇恶狠狠地说："你就是死在这里，也不能回去！"结果这天半夜，婆婆跳楼死了。其实，儿媳妇不明白麦收对于传统农民的意义，不知道那是一种文化。婆婆要回去，那是赴一场文化之约，儿媳妇坚决不许，她就选择了以死抗争。去年冬天我回老家，发现了一件怪事：过去到了这时，田野里都是一片片的暗绿色麦田，现在却基本上看不到了。我问三弟这是怎么回事，他说，种麦不赚钱，很少有人种了。我问，不种麦子种什么。三弟说，多数是等到明年春天栽地瓜，一亩地瓜顶好几亩麦子。我看着田野感叹：冬天不见地里有绿色，这可是一个极大的变化。不再种麦子，怎么搞"麦祭"？我问了问，得知这项风俗也已基本消失，有的人家还去"上麦坟"，馒头是从村里超市买来的，雪白的颜色，加了增白剂，做馒头的面粉来自外地。

传统文化的革新，也是多方面的。移风易俗，在中国乡村推进了大半个世纪，有官方主导，有民间自发；有合理之处，也有荒谬之举。

变化最大的是丧葬礼仪。旧时代的葬礼大多隆重，实行厚葬。我的曾祖父是个赌徒，将家产几乎输光，但他父亲，也就是我的高祖父死后，他将老人尸体放在家里，一天三次去土地庙"送汤"，请和尚七天做一次法事，直到七七四十九天才出殡。其实，这么做太过分了，太浪费了，大可不必。新中国成立后，政府一再倡导厚养薄葬，这是对的。但是现在，有人把丧事办得越来越简单，近乎草率。过去死了人一般是三天出殡，之后要一次次上坟祭奠，起码要上"三日坟""五七坟"。"五七坟"最重要，据说这天死者灵魂正式离家，所以办得相当隆重。现在有些人家，安葬死者的当天就上"三日坟"，上"五七坟"，在新坟前面一次次烧纸磕头，理由是好多亲友都在城里、在远方，回来一趟很不容易。往常到了重要节日，也要给亲人上坟，但现在好多人住在城里，回去不方便，就来了个变通办法："遥烧"，意思是在遥远的地方给亲人烧纸祭奠，表达心意。阴历七月十五、冬至等节日的晚上，在城市的各个街口，烧纸的随处可见，城管屡禁不止。更有年轻人实行"云祭"，到网上建个亲人网页，到时候点一支蜡烛送一束花就行了。还有一些地方，近年来建设公墓，一个乡镇建两三处，不堆坟，只有一个墓坑，骨灰盒放进去，上面覆盖一块刻了死者名字的石板。墓坑杂处，其排列不按姓氏，更不讲昭穆。城市化的推进，也让家族墓地变得更远。我三姨家是临沂北郊，前些年那里建新市区，十几个村庄被拆，土地被征用，其中包括墓地。我姨父的家族，只好到80里外的沂南县汶河边买了一块河滩，将几代人的坟墓迁了过去。土地使用期是50年，他们家族的人都很忧虑，50年之后怎么办？去年我回老家，发现村东多了一片坟墓，问了问，才知道那是临沂城郊一个村庄来买的。他们过来安葬亲人或者上坟，要跑上百里路。

三、您认为产生这些变化的原因是什么？

赵：有这么几条：第一，观念的嬗变。近百年来，意识形态的革命所向披靡，威力十足。首先是儒家理念被批判，被摒弃，"天理""纲常"成了被嘲笑的对象。其次是20世纪中期，农村人被强行灌输了阶级意识，"亲不亲，阶级分"，血缘关系、家族观念被抛到一边，宗法制度不复存在。最严重的冲击，来自"文化大革命"中的"破四旧"，破除旧思想、旧文化、旧习惯、旧风俗。我11岁时亲眼见到，家谱被示众，旧书被焚毁，女人戴的银镯被套在驴蹄子上游街，青年结婚不择吉日，举行"革命化婚礼"，等等。改革开放之后不讲阶级了，但是拜金主义开始盛行，加上科学知识普及，人们头脑中没有了敬畏对象，传统文化受到极大冲击。

还拿丧葬文化为例。《孟子》说过这样的话："养生者不足以当大事，惟送死可以当大事。"意思是：父母活着时供奉他们还称不上是大事，只有他们去世后安葬他们，可以看作是人生之大事。因而，过去一些人家在父母亡后，都在治丧场合立一块大牌子，写上"当大事"三字。意思是当作大事，认真操办。几千年来，厚葬之风经久不衰。我小时候就亲眼见到，谁家的丧事办不好，族老或亲戚就会"挑礼"，指责一番，可是现在，错就错，简就简，好多人只说一句"怎么办怎么好"，麻木不仁。在我们那里，上坟时要扎"纸草"，请扎纸匠扎出各种各样的冥器，在坟前烧掉，让死者享用。过去就是男用马，女要牛，加上几个简单的用具。这些年来与时俱进，什么样的时尚物品也扎出来，有楼房，有豪车，有手机，有各种新兴的家电，琳琅满目。

有些观念与规矩的改变，可谓惊世骇俗。过去男女结亲，一定要出"五服"。同一个高祖父，也就是同一个"老老爷爷"的，绝对不可以结亲。在我们那里，同村同姓的男女也不可以结亲。但改革开放之后，同姓男女搞对象的越来越多，不管差不差辈分，不管出不出"五服"，所以就有了爷爷娶孙女、侄女嫁叔叔之类的怪事。前年我参加一个亲戚的葬礼，在土地庙前举行"庙祭"，按规矩，亲戚一拨一拨到灵位前面行礼，本家晚辈跪在两边陪他们磕头。有一个年轻小伙本来跪在晚辈行列，中间却爬起身来，再到灵前以孙女婿的身份行礼，引起大家哄笑。但笑过之后，谁也不再当回事儿。我当时心情很沉重，因为不许近亲结婚是人类在经历了严重教训之后才有的禁忌，遵守了几千年之久，可是现在有人不在乎，也没人出面制止，实在让人担忧。

变化的第二个原因：城市化的推动。在中国兴起于四十年前的城市化大潮，对乡村的改变非常之大。

第一波，是进城务工。许多人进城后接受了新的理念，学会了新的生活方式，回家后知行合一，让农村发生改变。

第二波，是三产混杂。过去是城乡分离，农村以第一产业为主，后来第一、第二、第三产业都有了,且密集交叉,直接冲击了农村的生产方式与社会结构。我们宋家沟在20世纪50年代到80年代是分为三个村的,从三十年前开始,陆续有人在村东公路边建工厂,建养殖场,搞各种服务业,规模越来越大,被人戏称"宋家沟四村"。去年,我被拉进驻宋家沟包村干部用微信建的"美丽家园——宋家沟群",发现里面的广告非常多,或用文字,或用图片,或用视频,涉及许多行业。

第三波,是村庄变社区。自古以来,散布于城镇之外的是这个村、那个庄。譬如李家村,村民就可能大多姓李,表示血缘关系的集合。一个个村庄,一个个家族,有的村还是"父子村",没有外姓。而现在,农村基层单位改成了社区。一种是因为城市扩张,村庄被吃掉;一种是扶贫搬迁,大量散居在恶劣环境中的农民集中居住;一种是合村并居,几个村子合并成一个社区,并且多是住进楼房。进了社区,变成居民,有的还是本村人住在一起,但杂居情况越来越普遍。过去住在原生村落,大家相互认识,白天扎堆,晚上串门,联系很密切。现在,有人门对门住几年,也不知道邻居姓啥名啥。

第四波,是农民进城居住。前些年,一些进城务工者买房长住,后来就发展为青年男女必须在城里有新房才能结婚。在我们那里,家有男孩,如果不在城里买上楼房,休想找到媳妇。这也成为年轻人的时尚,相互攀比。有的即使没有工作,也要到城里住着,让父母帮他们还房贷,供给他们生活费用。

这一波一波又一波,让村居、家族、家庭产生了巨大改变。村庄越来越少,村里的人越来越少,家族分崩离析,亲人散居四方。

变化的第三个原因:全球化的影响。

在我家乡,全球化带来的基督教文化,对传统文化产生了冲击。在许多地方,教堂随处可见,我们村就有一处,教徒频频聚会。基督徒在丧事上的处理，最能引发与不信教亲人的冲突：他们奉行"不拜偶像"之戒律，对死者不下跪。我就见过这样的场面：大群亲人戴孝磕头，有人却站在旁边无动于衷，有人不满、愤慨，当众对其斥责。因此，有的基督徒死了亲人，干脆请教会头头出面，让远远近近的"兄弟姐妹"过来，举办有基督教特色的葬礼。再就是，一些农村年轻人也开始过洋节，每到圣诞节都热闹一番，每到情人节也对所爱的人有所表示。

国际贸易，也直接影响到家家户户的生计。莒南县是全国著名的花生生产地，过去大量出口。而国际形势的变化，中国与某些国家关系的升温或趋冷，都会影响到花生价格，让他们调整种植计划，让传统的农耕文化有所改变。就连一些传统工艺也受到全球化的影响。鲁南地区有柳编工艺流传，有的公司与外商签了订单，拿到图纸，就组织老百姓编。许多老人和妇女领来柳条，学会编法，在家里有空就编。编出的东西，或是家庭摆件，或是节日礼品，都体现西方人的文化色彩与审美趣味。久而久之，我的父老乡亲也觉得那些东西好看，也编一些放在家里，这就产生了文化的融合。

变化的第四个原因：信息化的促进。

随着网络与智能手机的普及，许多人身居乡村，却与外面的世界息息相通，与城里人同步分享各类资讯、时尚趣味乃至文化思潮。尤其是短视频的大行其道，更让一些人如痴如醉。有一些视频有正能量，给人教益，供人娱乐；也有一些作品十分低俗，为了赚流量不讲底线。有人不只是看，也亲自制作。有的成了网红，拥有大量粉丝甚至不菲的收入。有人用它直播带货，将产品卖了出去。也有人出于对家乡的热爱，用小视频展示当地的风土人情与传统文化。我的一个姑家表妹，经常在网络平台上发小视频，让观众看她的果树，看她的庄稼，看她做农活的场面，我看后十分感动。

有意思的是，城市化的推进，让一些家人、宗亲散居在各地，拉远了物理距离，微信却让他们拉近了心理空间。好多平时不大联系的远亲，也在微信群里相聚，大家一起回忆往昔生活，可谓其乐融融。

近年来开启的智能时代，更是对农村产生越来越深刻的影响：无人驾驶的农业机械；智能化灌溉；无人机喷药；智能控制的温室大棚；智能化管理的垃圾处理；物联网技术的广泛运用，等等，让乡村传统文化进一步受到冲击。

四、您如何看待这些变化？党和政府现在提倡弘扬优秀传统文化，这也是乡村振兴的一项重要内容，您觉得应该如何去做？

赵：传统文化是在漫长的农业时代产生的，是人类文明的结晶。其中的观念、制度、风俗、禁忌等，规范着人们的行为，久而久之，成为民族的文化基因，代代传承。不可胜数的民间艺术，也展示着人类的智慧，美化着人们的生活。中华传统文化源远流长，在东方文明中占有重要分量，成为中华民族的文化标志。然而，人类社会从来不是静止的，时代潮流，汹涌奔腾，一方面摧枯拉朽，一方面沉金于沙。尤其是这一百年来，中国经历了"三千年未有之大变局"，传统文化的消逝与革新不可避免。在今天，我们要重新审视、重视传统文化根脉，为乡村振兴注入丰富的历史积淀。可以从三个方面着手：

一是发掘。乡村是中华礼仪的发源地，是传统伦理的根基，是历史记忆、文化认同、情感归属的重要载体，蕴藏着丰富的文化资源。孔子说，"礼失求诸野"，在城市化的今天，好多传统文化依然在乡村中存在，或留有消逝后的余韵。要通过种种方法，包括查阅资料、田野调查等，将我们的文化家底搞个清楚。前几年文化部门搞的"中国民间文学三套集成"（《中国民间故事集成》《中国歌谣集成》《中国谚语集成》）就是一次抢救式的发掘，具有重要的意义。事实很明显：进入21

世纪,在中国民间,已经很少有人讲民间故事与谚语,歌谣也很少有人唱了。其他的传统文化遗存,近年来也在发掘,但还远远没有穷尽。

二是保护。我们知道,在距离北极点1000多公里的挪威斯瓦尔巴特群岛上,21世纪初建起了一座国际种子库,目的是把世界各地各个种类的植物种子保存在地下仓库里,以防因全球物种迅速缩减而造成物种灭绝,现在储存的种子样本已超过100万份。在中国也建起了一座叫作西南野生生物种质资源库,位于昆明北郊黑龙潭,为亚洲最大、世界第二大的野生植物种质库。传统文化的发掘应该借鉴这个做法,先把文化基因尽可能全、尽可能多地保存下来。2011年国家颁布《非物质文化遗产保护法》之后,各级政府致力于"申遗"与保护,政府在这方面起了重要作用。但是,漏报的问题依然存在,需要继续努力。

三是弘扬。并不是所有的传统文化今天都要恢复如初。就像人类遗传基因中的30亿碱基对中有致病基因一样,民族文化基因中也有糟粕。我们今天应该对这些文化基因来一番提纯复壮,弘扬优质的,淘汰劣质的。现在很多人在学习儒家文化,读四书五经,甚至让小孩子背《弟子规》等,我认为要有所警惕,不能不加甄别,全盘继承。比如孔孟文化里就缺乏民主和自由等理念,而这些恰恰又是当今中国社会需要的。我们致力于文化复兴,应该是赓续中华文化根脉、传承优秀文化基因,同时吸收全人类的文化成果,构成新的价值体系与文化体系,为中国真正强起来提供充沛的文化活力与动力,塑造一个全新的民族文化形象。

就具体的民间文化而言,来一番审视,来一番"扬弃",都是必需的。譬如说,带迷信色彩的、过度靡费的、格调不高的、危害公共安全的,都应该慎行或禁止。在日照市,前几年"婚闹"现象很普遍,有的在公共场所扒光新郎衣服,有的将其捆绑,让其爬行,学狗叫,等等。尤其是迎新车队到海边停下，必须嘻嘻哈哈闹上一场，有人闹得实在出格，竟然将新郎抛入海中，让其狼狈不堪，险些丧命。2018年，日照市开始遏制恶俗婚闹专项整治行动，收效显著。

日照渔业发达，自古以来就有敬龙王爷、祭海等活动，但后来被禁止，几座庙宇也被拆毁。20多年前，裴家村在海边重建一座龙王庙，每年在传说中的龙王生日阴历六月十三这天举行祭拜仪式。从1995年起，这一带的渔民在政府支持下将这天定为"渔民节"，每年隆重庆祝。2006年裴家村渔民节被列入山东省非物质文化遗产名录，2008年被列入国家级非物质文化遗产名录。2017年阴历六月十三，日照市举办"渔文化节"，我受邀参加。目睹渔民祭海的盛大场面，并与几位船老大交谈，我深受触动，回家后梳理传统渔业历史，记叙船老大这个角色的历史性终结，写了一篇两万字的纪实文学《晃晃悠悠船老大》，发表在《中国作家》纪实版上，获得浙江省作协等单位举行的改革开放40年国际海洋题材散文大赛二等奖。

现在党和政府致力于乡村振兴，其中包括乡村文化的振兴。政府对文化的投入渐渐加大，建文化小镇，建文化广场，建农村书屋，建娱乐设施，组织各种文化活动，保护非物质文化遗产。与前些年的"GDP崇拜"相比，这是个巨大的进步。但在有的地方，文化建设表面上光鲜亮丽，内容却严重缺乏。一些地方官员与基层干部，好大喜功，为了获取"政绩"变着花样折腾，耗费大量资财，却往往建成一个中看不中用的设施。传承和弘扬优秀传统文化，要从深层次的理念、知识和制度去思考，去实践，而不能仅仅满足于对表象的模仿。有关方面应当警觉起来，让我们的乡村建设从内在到外在健康运行、有序发展。要认识到，建设美丽乡村，这是人心所向，但乡村仅仅美丽还不够，还要有灵魂，有吸引力，有凝聚力。譬如说，有些传统文化，承载了古人崇尚自然、敬畏天地的理念,这有利于建设生态文明,应该发扬光大。再比如,土地崇拜文化也应该提倡,"土生万物由来远,地载群伦自古尊",如果没有对土地的尊重,对土地的精心保养,只将其当作一种资本元素,土地就会越来越少,越来越贫瘠,这影响到国家粮食安全。现在有人呼唤"新乡绅"的出现,让乡村中存在一个在道德与文化上有影响、有感召力的精英群体,作为基层政权的有益补充,这对加强乡村道德文化建设,弥补乡村政治生态中的缺失,很有益处。我希望,通过上上下下的共同努力,能让乡村文化该留住的留住,该光大的光大,同时注入新的时代元素,让我们的精神家园历久弥新,充满魅力与活力。

五、您的许多文学作品,都是表现传统文化的内容,譬如说,系列长篇小说"农民三部曲"《缱绻与决绝》《君子梦》《青烟或白雾》,以及获中宣部"五个一工程"奖的《经山海》,另外还有表现当代宗教文化的《双手合十》《乾道坤道》。请问,传统文化怎样才能在文学作品中得到较好的表现?

赵:你说得对,我的"农民三部曲"和《经山海》,都是农村题材,其中有大量内容表现传统文化。如《缱绻与决绝》,将主人公对土地的崇拜当作一条主线,表现传统农民与土地的缠绵缱绻、血肉联系。《经山海》中,也有许多渔业习俗描写,以及由此发生的故事。一些论者将《君子梦》《双手合十》《乾道坤道》这三部长篇小说放在一起考察,安徽文艺出版社还将它们一起出版,叫作"赵德发传统文化小说三种",这三部小说确实是我对中华传统文化的大规模书写。《人类世》这部小说,以历史地质学视角切入,思考地球现状与人类未来,其中写了一座儒、释、道三家共存的三教寺。另外,我还有许多中、短篇小说和散文随笔涉及传统文化。我认为,传统文化的文学书写,尤其是乡村传统文化的书写,作家在今天依然有用武之地。在这类题材的写作中,有三组概念值得我们思考：

一是赞歌与挽歌。考察众多乡土文学作品后可以发现，有的大唱赞歌，歌颂田园风光，歌颂纯朴人情。有的则唱挽歌，表达对一些美好事物失去的惋惜乃至痛心。还有一些作品，则是赞歌、挽歌交响，表达一些复杂的心情。这种作品读得多了，会给人一种腻味感。"乡愁"是人类的一种非常美好的情感，但一首"乡愁"老是唱，就让人受不了。2013年、2014年两年间，我经常回老家伺候生病的父母，曾萌生念头，准备写一部非虚构作品《桑梓》，写家乡，写亲情。我向一家出版社提交了计划，准备动笔时又打消了主意，因为我发现，当前中国文人的乡愁病大流行，这类书太多太多，我再写，有东施效颦之嫌。我觉得，我们不能像过去的腐儒一样，老是哀叹美景不再、人心不古，而要看到时代的发展，看到乡村新貌，在为乡村中的传统文化、传统生活方式唱挽歌的同时，也为乡村的新变化，为乡村新人的成长唱唱赞歌。我在乡村接触到一些年轻人，他们的理念与城里人没有多大差别。乡村中的一些新的文化设施与文化形态，也有浓重的时代投影。乡亲们从几千年的贫困状态中渐渐摆脱出来，思想与文化观念也趋新趋变，这是一个非常了不起的历史性进步，我们不能视而不见、听而不闻。

二是传统与现代。人类的各个民族，各有一套文化基因，它体现民族的文化积淀，彰显民族的文明印记，影响着民族的信念、习惯与价值观，甚至决定着民族的兴衰存亡。中华民族的文化基因绵长而复杂，如果说，生物的DNA是双螺旋结构，那么，中华民族的文化基因，则是由多条文化线索拧成的长绳。这条长绳，优在何处？劣在何处？我们可以用文学作品进行深入探讨，认清楚这个传统，表现好这个传统。要达到这个目的，必须运用现代理念，掌握哲学、社会学、人类学、未来学、心理学等现代学科的观点，否则还可能是"不识庐山真面目"。

三是感性与理性。搞文学艺术，感性与直觉很重要，有时候，凭直觉能产生好作品。然而，感性与理性有时候是矛盾着的，难以采用是非标准。我们可以把两者都用于写作之中，让作品呈现出复杂性。譬如，我的村子南面有东西排列的四座山，我们称作"南山"，我小时候整天"开门见山"，那些山在我的感觉中很高大，很神秘。然而2015年我再回老家，突然发现山上高耸着一些风电机，让那些山一下子变矮了。我的视觉也受到强烈冲击，感觉山上突然长出一棵棵长刺，刺破青天，刺痛我心灵。但理性告诉我，它产生的是清洁能源，代表了人类获取能源的一个方向。这种情绪挥之不去，我就写了一篇散文《南山长刺》，引起许多读者的共鸣。我认为，表现人类在历史进程中的复杂感觉，是文学作品的功能之一。

总之，乡村是人类文明的发祥地，是人类向城市化迈进的出发点。尽管城市里高楼林立，越来越接近天空，但要看到，楼高万丈总也离不开地基，在广袤的大地上，依然有深扎于泥土的中华文化之根，有传统文化的流风与新韵。我们应该回过身来，低下头去，以虔敬的心态对土地与乡村认真审视。

2020年第8期《上海文化》

第二辑

小说是温润心灵的一种东西

宽容、文化与叙述

王光东（《文学世界》副主编、青年评论家，以下简称王）：您的小说所反映的生活面是较为广阔的，您对于生活所取的态度有您自己的特色。在您的作品中，我比较喜欢《通腿儿》和《闲肉》。而这两篇恰巧分属于"历史题材"和"现实题材"。想请您谈一谈对"历史题材"艺术处理时，有什么新的想法？另外，您怎样理解"新历史小说"？

赵德发（以下简称赵）：谢谢对我创作的关注。在我的小说中，确有一部分历史题材的，主要的背景是抗日战争，如《通腿儿》《南湖旧事》等。写这类东西，就涉及历史与叙述的问题。历史是已经发生过的事情，这些事情一经发生，除了作用于物质上的一部分痕迹，主要存在于人们的记忆与叙述中，而同一事件在不同的叙述者那里是有很大差别的。就拿抗战来说，历史教科书告诉我的是一个样子，我的父老讲给我的又是一个样子。教科书让我激奋；父老们的讲述则传达给我满心的惊惶。给我深深触动的是后者。这让我不由得要思考普通老百姓对战争的态度和他们在战争中的命运。进而,我也想当一名那段历史的叙述者,于是就有了那批小说。当然,我在努力真实地再现那些生活的时候,也融入了我这个 1955 年出生的人对那些事情的思考与态度。

至于近几年出现的"新历史小说",有的写的很棒,我很喜欢。但我对一些显示出主观随意性太强倾向的作品不以为然。我承认,历史是无法绝对真实地再现的,她在某种程度上有着"任人涂抹"的无奈。她的这种无奈就为叙述者提供了较大的自由。但这要有个度,要让读者觉得是那么回事。如果你把一个唐代仕女打扮成一个叼着摩尔烟、戴着金色发套的形象,那就不能叫"历史小说"了。

王:在以"现实生活"为描述对象的小说中,"乡村教师生活"与"机关生活"在您的作品中占有相当大的比重,《闲肉》《小镇群儒》《蝙蝠之恋》《我知道你不知道》等作品都写得很有特色,您是源于一种什么样的追求来写这类小说的?

赵:我教过十年书。民办教师、代课教师和公办教师都干过。我深深体会过乡村教师特别是民办教师的艰辛,有几个中篇如《圣人行当》等对此做了反映。但写得不算好,严格地说还没有真正进入文学状态。后来,我对民办教师这个群体又做了些思考,便有了深入的认识。我发现,这些人半是农民半是知识分子,他们梦寐以求转为公办教师,而且这是有可能的。这种地位就必定与他们所处的农村环境之间发生耐人寻味的纠葛。这是人类社会中劳心者阶层从劳力者阶层中剥离的一个案例。这种剥离是十分艰难的。那些在土地里苦挣苦熬的农民,他们对文化是尊崇与向往的,但先农们传下来的生存法则又使他们对肢不沾泥的文化人抱有一种深深的鄙夷与嫉妒。对此我当年曾真切地体会过。他们对你"风不刮头雨不打脸"的那种愤愤不平，对你不下地干活因而又省锄头又省衣裳的那种精细算计，让你瞠目结舌，让你不由不心虚气短，最后你就连去队里分粮食也觉得是偷了人家的。源于这种认识，我写了《闲肉》。这篇小说被《小说月报》转载后，又被人民文学出版社收入小说年选，我感到很欣慰。

你说我写了些"机关生活"，这也与我的经历有关。十年教师生涯之后，我在公社和县机关干了八年，曾被官场文化深深浸淫过。我承认，我身上至今还保留着些许被它染上的颜色。但我现在能够客观地审视它了。我在观察，它是怎样维护着社会的秩序同时又在改变着社会的秩序；它是怎样显示着人类的精明同时又显示着人类的愚蠢；它有哪些独特的东西，同时又与人类天性中哪些共性的东西相关联。这类的作品，现在已有了《信息》《我知道你不知道》等，以后还想再写一部分。

王：不管是写历史还是写现实，您的小说对生活所取的态度是较为宽容的。您对于"人"的生存状态是极为关注的，您的作品对笔下的人物大多没有明确的褒贬态度，而是尽量客观再现他们的生存过程。"宽容"在您不仅是一种写作态度，更重要的，我认为是一种"文化态度"。怎样理解您作品中的这种"宽容"？

赵：你说得正确，我持的是一种文化态度。在我所信奉的人生信条里，"宽容"是重要的一项内容。我认为，人类由野蛮走向文明的一个重要标志，就是从不宽容到宽容。我们同为这个星球上的一种两脚生物，为何非要有那么多的仇恨、争斗和互相残杀呢？说实在的，我讨厌一切暴力和极端的形式。例如,每看到电视里的战争新闻,我就感到揪心;每当出现军事节目,我会换频道,甚至,那个主持节目的漂亮女孩我觉得都不漂亮了。体育项目里,我最不喜欢的是拳击。前几天,报上有则"亚运花絮",讲日本方面特意把一些盲人安排在拳击赛台的边上,以便让他们能听见拳头击打人身体时发出的声音,盲人们听后获得了美妙的享受。这让我顿时失去了对他们的同情。

有个朋友曾经说我:你身上没有战士的血。这话让我思考了很久。

不要暴力是一种宽容。互相理解也是一种宽容。我们生活在这个世界上都不容易,"设身处地"应是我们日常生活中所持的一种态度。"己所不欲,勿施于人",老祖宗的古训没有什么不对的地方。人与人之间是有差别的,人们的生存方式也不尽一样。如果一个人没有伤害他人和社会,就应给他应得的自由,就不能予以过多的干涉。

更重要的,我认为,作为一个作家,应站在历史与人类的高度,去充分认识世上万事万物发生发展的社会必然性和历史必然性。唯有如此,才不至于随随便便就瞪眼睛举拳头。

所以,我的小说里就表现出了你说的宽容。这表现为叙事者对人物的宽容,和人物与人物之间的宽容。但我知道我写得还不够。我想让我的笔呼唤更多更广泛的宽容。我希望"宽容"这面大旗能够覆盖我们这个星球的每一个角落。

王:您笔下的人物都生活得很难,特别是以现实生活为描述对象的小说中,人物的处境都非常尴尬,这种尴尬呈现出浓厚的文化意蕴。您能否谈谈自己的创作意向?

赵:可以。文学是写人的,它要表现人的处境。而人的基本处境就是一种尴尬。人生到世上,在生与死之间,在得与失之间,在理想与现实之间,在幸福与痛苦之间,等等,都面对着许许多多的尴尬。就整个世界来说,尴尬也是难免的。路德对此有过生动的表述,他说:"世界像一个喝醉酒的农夫。如果你把他从一边扶上马鞍,他就会从另一边掉下去。不论人们怎样努力,都无济于事。"认识了人与世界面对的尴尬,我们才能在作品中恰切地表现人的处境。当然,我的作品在这方面的表现并非都达到了一定的深度。我笔下的一些人物,有的是因为地位卑微,无法实现生活中想要达到的目标;有的是环境对他造成了过大的压力,使他的生存感到了困难;有的则是其性格特殊,因而造成了他的悲剧。这显得很肤浅。但有些作品我自己认为写得还可以,就是写深层文化心理造成的那种尴尬,以及人类与生俱来的种种尴尬。如最近我发的那个中篇小说《入赘》,就体现了这种努力。那是写人在性的问题上的尴尬,写人性的一种弱点。

王:对于生活的宽容态度以及文化意义的呈现,必然在叙述上要有新的要求,您的叙述,冷静而又不乏温情。请问在叙述上您追求一种什么样的风格特征?

赵:前几年我的叙述风格以《通腿儿》为代表。认识了那段历史发生的必然性和那些人物存在的必然性,使我的叙述显得冷静、客观。我想以局外人的身份,并且站在相当的高度上不紧不慢地讲述那些故事,让故事本身显示出历史的内涵。但作者并不是铁石心肠,他还是被人物的命运有所打动,这便有了你发现的那种温情。在语言形态上,我多用短句子,简练地叙述,把大量本来可以有的交代与描写变成空白置于句与句、段与段之间。同时,我也来一点有分寸的调侃、幽默。那组作品出来，不少朋友对我这手语言表示了赞赏。但我不知怎的，过了不久就对它腻味了，不愿再用了，于是便寻找新的语态。我又试用一种更平实、更自然的，这在《圣人行当》《窑哥窑妹》《要命》《我知道你不知道》等篇什中能看见发展轨迹。在探索过程中，我经历过一些失败，如《蝙蝠之恋》等。《蝙蝠之恋》虽然得了《中国作家》的奖，但它有不少毛病，起码在叙述上不大高明。主要是叙述者与被叙述者站在了同等的高度上，甚至合而为一，这就显出了局促与小气。除了上述两种语态，这几年中我还一直练习着另一种，就是重在写心理与感官感觉的、稍稍飘逸一些的。《入赘》就是这样的。写这类东西找到了感觉之后，击打键盘的时候十分舒服，甚至有一种快感。总之，我不想让我的小说千部一腔。但这也带来了苦恼。一些作品发出去，有的人甚至是有些权威的人说你不该这样写，这样写就把你自己丢了。但我还是想不断丢掉过去的自己，不断地摸索新的路子。

王：您的小说，理想色彩是比较淡的，您对"缺少理想"的文坛有什么看法？

赵：我承认，在我的作品中，理想色彩比较淡，人物的命运结局大都不好。之所以出现这种现象，毋庸讳言，我也是或多或少受了"新写实"潮流的影响。但我认为，作品中看不到理想并不等于作者没有理想。作者之所以写出人物的不理想的生存状态，恰恰暗藏了作者对于理想的希冀与呼唤。有哪个读者看到刘震云的《一地鸡毛》，不被小林的那种被销蚀、被异化感到触目惊心呢？有谁想心甘情愿地去走小林所走的路呢？我认为，新写实小说尽管有些不足，但它在中国当代文学史上自有着不可磨灭的历史功勋。倒是一些评论家，今天给这个孩子起名就说这个孩子好，明天给那个孩子起名时，又说前一个孩子不好，让人不知所措。

你说的"缺少理想的文坛"，大概是另一种含义了。当下的文坛，心浮气躁、眼盯着物质的太多太多。这是社会大环境使然，也不必以此为怪。我是心平气和地看待这些的。物质主义盛行，这是中国必经的一个过程。我们无法想象，你能在过去那种安贫乐道的观念下迅速实现社会财富的积累。所以在一定程度上要承认这种风尚是一种进步。因为等物质积累到一定程度，人们就会发现自己不能只拥有物质，还要拥有精神，尤其是要实现精神上的和谐。而这种回归，又是以物质相对丰富为基础的。当然，作为一名有责任感的作家，又不能一味被动地等待，而应该以自己的劳动辛勤地培育、呵护那株弱树，随时让世人在忙碌中看到那缕诱人的精神绿色，感受到一种呼唤。

1995 年 5 月 13 日《作家报》

关于小说创作的对话

李波（曲阜师范大学教师、青年评论家，以下简称李）：您近年来的作品，受到越来越多的读者的喜爱。我看到，《齐鲁周刊》前不久在山东大学、山东师范大学组织了一次"大学生心目中的山东作家"问卷调查，您名列第三。您认为，他们喜欢您作品的哪些方面？

赵德发（以下简称赵）：我偏居海隅小城，能有许多朋友关注我的创作，这是让人感动的事情。有位大学生曾向我说，他喜欢我真实的描写，真诚的感情，以及认真的思考。这的确说中了我在创作中的一些追求。当然，喜爱我作品的朋友，其原因也不一样。另外，肯定也有人不大喜欢我的作品，这都是正常的。

李：您通常如何构思一篇小说？

赵：中、短篇简单一些，有时候是因为一个细节，有时候是缘于一个念头，就像一只蚌，腹中很偶然地弄进了一粒微尘或一粒沙子，于是全身储备的与其相关的营养、精华就向它归拢，附着于它，最终形成一粒珠子——不一定都是圆润晶莹的珍珠,有时候也出次品。写长篇,尤其是像我的"农民三部曲"这样篇幅巨大的作品,构思的过程就十分复杂。就像堆一座高山,就像建一幢大楼,既要靠灵感的催发,更要靠理性的设计。整体、局部、外表、内里、色彩、质地……都要考虑得十分周到。不过,在具体的写作过程中,我的提纲很简单,先把故事的大致走向用一两页纸记下,然后一边写一边想。在这个过程中,"现场发挥"很重要,灵感就更重要了。

李:对了,您说灵感很重要,您是怎么看待它的?

赵:创作中有"灵感现象",这是事实。我在写作中,满怀着对它的期盼,它的确帮过我许多的忙,我作品中有许多精彩之处都是事先没有设计,而是写到那儿的时候自动出现的。这大概就是所谓的"如有神助"。但我想,这个"神"也不是无缘无故来帮助你的,你必须"心诚",就是说,你对作品十分认真,投入了心血。否则的话,你是很难等到它的。

李:《缱绻与决绝》和《君子梦》这两部小说的容量特别大,其中牵涉很多典故与史实,能否谈一下您是如何准备的?

赵:这需要大量的、艰苦的准备工作。它们的来源有三个方面:一是早就储存在我大脑里的;二是记录在我多年来积累的卡片上的;三是临时搜集的。最后这一种占了很大的比例,这要读好多的书,查阅好多的资料。

李:《缱绻与决绝》中封大脚这个人物,在当代文学画廊中是个比较独特的形象,他有来源吗?

赵:有。这是听一位朋友讲的。他说,在他村里就有这么一个老农,过去是一个老实勤快的庄稼汉,家有祖传的几十亩地,"土改"中定的成分是上中农。在实行集体化的时候,他对土地归公无论如何也想不通。等到被强制入社后,他的劳动热情一落千丈,从此不再参加劳动,而且每到庄稼成熟的时候就到原来属于自己的地里收割,被干部抓住之后还理直气壮。这个人物对我触动很大,他让我思考了土地与农民的命运、中国农业集体化与农村生产力的发展等诸多问题,于是就将这一原型进一步丰满后,当作了我的小说主人公。

李:您的小说,许多情节都非常细腻。如《君子梦》中,用头发丝拴门鼻来测验人心,就给人留下了深刻的印象。请问这是虚构的还是真实的?

赵:这是真实的。我在家乡莒南县工作时,听说过这样一件事情:有一个村的民兵连长,每到庄稼将熟的时候,他就对本村一些不太安分的社员看守得特别紧,常常在夜间用女人头发去拴住人家的门鼻,等天亮前去看看那头发断了没断。如断了,就要严加审讯,而当事人却对自己的行径为何被发现一无所知。于是我就将这个做法用在了许景行身上。小说中,他用的是他情人的头发,那是爱情的信物。这么一用,对表现那个特殊时代里人的心灵的改变起了较好的效果。

李:在与您的接触中,感到您是一位性格随和、处事达观的人,可您的小说却总是讲述着一个个悲剧故事,这也与我国传统所崇尚的团圆结局的心理相悖,不知您是出于怎样的考虑。

赵:人生充满了苦难,这是不争的事实。对人世抱有悲悯之心,这是一个作家最起码的精神素养。悲悯与随和、达观并不矛盾,正因为看多了悲剧,才有了这一份豁达与泰然。把那么多的悲剧写给人看,也是希望读者能够认识生命，正视现实，坦然地去完成自己的人生之旅。至于传统的"大团圆"结构，也有它的用处，那就是麻醉自己。

李：道德是目前全社会较为关注的东西，您在《君子梦》中也是竭力探讨和建构一种理想状态。在您看来，这种努力能达到怎样的境界？

赵：我向往的境界分两个层次：一个是要让全体社会成员都明白"与人方便，自己方便"这个道理，树立起"人人为我，我为人人"这种社会意识，社会成员之间不要有太多的伤害，建立起一个正常社会所必需的秩序。另一个更高、更广一点的，就是追求"三个和谐"：人与人之间的和谐；人们内心的和谐；人与自然的和谐。

李：艾青曾说过："为什么我的眼里常含泪水，因为我对这土地爱得深沉。"从您的作品中可以看出您对土地执着的爱恋，这样会不会使您对土地的介入带有太多的主观色彩，而忽视了对土地与农民的客观把握？

赵：你这个问题很尖锐。这真是矛盾的事情。没有我对土地的深爱，就不会有我的那些作品；同时如果让这份感情泛滥甚至失控，那必然会影响我对土地的客观表现。"留一份清醒留一份醉"，这是我创作状态的写照。从总体上说，我觉得我是能够从相当的高度去审视土地与农民的，也可能在一些局部上有偏颇之处。

李：当许多作家赶着时代大潮去写时尚题材时，您为什么那么执着地坚守着土地？

赵：我向朋友说过多次：目前，能够引起我最为持久、最为深沉的创作冲动的，还是农民与土地。这是我的血质决定的。我写这类小说，并不是说排斥时尚题材。等我把土地上的故事写完了，也许会写一写城市里的故事。

李："山东的周立波"这一赞誉，说明了您在叙写农村方面取得的成就，作为个中高手，您认为不同时代作家所写的农民的内在精神联系是什么？

赵：中国当代文学的一个传统就是写农民，几代作家留下了许多的优秀作品。他们笔下的农民形象多姿多彩，但其内在精神联系也是有的，那就是写农民对命运的不甘与抗争。这是一条很粗很粗的主线，从鲁迅、茅盾，到周立波、梁斌、柳青，再到张炜、陈忠实等作家的作品，都可以看得出来。这个主题，也体现了人类最为可贵的一种精神。当然，中国作家前些年也走过弯路，为迎合某种政治需要而把农民写歪、写颠倒了的作品也大量存在。

李：您认为中国农民与其他国家的农民相比，最本质的东西是什么？

赵：我觉得，中国农民最独特之处，是受了太多的儒家思想的影响。长幼有序，安分守己，勤俭持家，安土重迁……几千年就这么过来了，就长成了今天的样子。他们有可贵的地方，也有可悲的地方。譬如，安于现状、缺乏主动进取精神就是一个方面。前面我说过，他们有过不甘，有过抗争，但一般都是遭受压迫到了实在不能承受的程度才有的。而到了21世纪的今天，中国农民要学习的东西那就太多了，譬如说科学精神，譬如说民主意识，等等。

李：当今小说大都贴近西方的模式，而您却一直承袭着或者说推扬着传统的笔法探寻生命的脉络，这是为什么？

赵：你说的这种趋势确实存在，我也十分欣赏学习、借鉴西方创作方法的那些成功之作。但我们也要看到，无论创作手法发生了多少变化，现实主义至今仍是主流。旧瓶是完全可以装新酒的，关键在于这种新酒里灌注了多少现代意识。我在这方面是做了努力的。同时，我也在形式的某些方面进行了学习和探索，其中我的语言，那种快节奏，大容量，就与传统的小说有所不同。旧瓶虽是旧瓶，但仔细看看，质地还是不一样的。

李：您的风格朴实练达并带有智性特色，内中的情节、人物很值得品咂，您想过改变这种风格吗？

赵：起码在第三部长篇中不会改变，因为我应该让"农民三部曲"保持差不多的风格。至于以后再写别的，遇到合适的题材，我也可能尝试一下别的风格。事实上，在我以前的中、短篇小说中，已经有别的样式存在了。

李：人们常说一部作品的完成像婴儿的诞生，因为它倾注着作家的心血，那您是否特别看重已完成的每部作品？

赵：敝帚尚可自珍，何况是自己苦心经营的作品？作家也有一种"母爱"本能。但这种本能有时候是会蒙蔽自己的，所以对自己的作品既要提得起，又要放得下，由人评说吧。

李：作品面世后，您是否重视读者的建议？

赵：应该重视。旁观者清，他们的建议许多是准确而精辟的。多听听这些，对于提高自己很有益处。

李：您所有的作品中，最满意哪些？

赵：比较满意的，是两部长篇和《通腿儿》《窨》《闲肉》《杀了》等一些写农村的短篇,还有个别另样题材的,如《结丹之旦》等。当然,它们并非尽善尽美,都能挑出毛病。

李:机关生活您比较熟悉,像《我知道你不知道》《抢人》等几篇,对今天"新官场"的勾画尤为生动。可这方面的作品却很少,您将来是否要在这方面努力?

赵:会的。我做过多年的机关干部,这方面的生活积累也有不少,在适当的时候我会继续写这类作品。但机关题材也面临着如何出新、深化的问题,这需要认真琢磨。

李:现在您的作品陆续改编为电影和电视剧,它们什么时候公映?

赵:《缱绻与决绝》是被北影买去改电影的,我也参与了改编,何时投拍还不清楚。《君子梦》被中国煤矿文工团影视部买去拍电视剧,是由我本人改编的,二十集,一过年就开拍,大约下半年可与观众见面。

李:小说与电影、电视剧是不同的艺术形态,各有不同的表现特色,您更喜欢哪一种形式,或者说您认为谁更能展示您的审美理想?

赵:还是小说。小说的容量太大了,而且其中的一些内涵,用影视的手段是很难表现的。我参与了改编才明白,要想"忠实"地传达原著精神和面貌,那简直是痴人说梦。它不是一回事。但我们对此表示遗憾的同时,也不得不看到影视手段的某些长处,以及影视对于大众的覆盖与影响。

李:作为日照市文联副主席和作协主席,您的日常事务比较繁多,而这好像并没有影响到您的创作,而且您的几部长篇又是在这几年内写出的。您是否感到特别累,又是如何协调的?

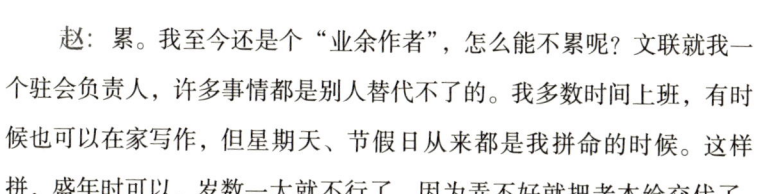

赵：累。我至今还是个"业余作者",怎么能不累呢?文联就我一个驻会负责人,许多事情都是别人替代不了的。我多数时间上班,有时候也可以在家写作,但星期天、节假日从来都是我拼命的时候。这样拼,盛年时可以,岁数一大就不行了,因为弄不好就把老本给交代了。所以我已经多次向领导提出申请,要求以写作为主,也许能够得到批准。

李：您能谈一下您的写作习惯吗?

赵：我一直是白天写作,晚上基本上不干。这是我在当机关秘书的时候形成的"生物钟",白天脑子好使。早晨起来,泡上一杯咖啡,写一会儿,然后吃饭。吃饭后睡上半个来小时,再写。午饭后还要睡一会儿,起来写到吃晚饭为止。晚上看看电视,上上网,看看书,十点半左右在书房里打坐练练气功。每天每天,都很有规律。时间长了,我已经成了一架机器,头一挨枕头就能睡着,一坐到电脑前就能写,挺可笑的。

李：是挺有意思。从作品看,您平时读书涉猎的范围应该很广吧?

赵：比较广。我读文学作品并不是很多,读得多一点的是人文著作以及一些杂书。另外,我因为主要时间是放在写作上的,所以读书有时候是"急用先学"。像写《君子梦》的时候,要读大量国学、哲学、伦理学以及宗教方面的书,我把有关的书籍找出来,在我身后的书架上摆了两大排。我心里说,这就是我写《君子梦》的文化后盾了。虽然带点功利色彩,但又是十分必要的。

李：您比较熟悉网络,您的小说《网虫老杨的死或生》在网上的评价不错。对这类作品,您是否把它单纯看作娱乐休闲之作?

赵：我上网比较早，那时全国的网民还不满百万，而现在早就过千万了。网络让我看到了一个全新的奇妙的世界，给我的震撼非常大，同时也引发了我许多思考。我想把我的思考变成文字，便有了这篇作品。这不是我的娱乐休闲之作，我写它时是很认真的。除了内容，我看重的还有形式上的探索，那是网上"非线性文体"，如果真按我设计的那样制作，阅读过程中随时可以敲击出相关的图片、文字等，那是非常有趣的。有的朋友说，这是大陆作家写的第一篇真正的网络文学作品。它在1998年第10期《山东文学》发表后，《中华文学选刊》和《中华读书报》做了转载，然后被网虫们搬到了网上。到网上搜一下可以看到，它的转载率是相当高的。

李：您怎样看待网络文学的繁荣，它是泡沫，还是将来文学的趋势？

赵：网络文学的确是方兴未艾，越来越繁荣。不过要看到，它实际上分两大块：一块是先发在纸上，然后被搬到网上的。像我的作品，就被北京一家网站全部买去了。当然，还有一些是没经授权被别人私自往上贴的。像这种形式，严格地说不是网络文学，它只是让读者换了一种阅读途径而已。另一块，就是真正的网络文学了，有人写了，只是往网上贴，完全是用"非纸介质"。这种写作，自由度非常大，也非常随意，在网上铺天盖地。这种自由与随意，有人说恰恰是出佳作的必要条件。但事实上，正因为太自由，太随意，网络文学中的精品显得太少，可以说是沙里淘金。也正因为如此，这类作品的读者不是太多。我看过一些论坛，作品的点击率很低，而且转眼间就被淹没了。你看，现在很火的那批所谓"网络作家"，大都是网络文学刚刚出现时出了名的，现在一个无名之辈要想在网上打出天下，是很艰难的。而且，那些"网络作家"也很愿意从"比特世界"走回"原子世界"露脸，很愿意让人读他们的时候不是用鼠标而是用蘸了唾沫的指头。这说明，传统的写作方式在一段时间内还是会占主流。另外，不论是网上写作还是网下写作，都需要"认真"二字。马马虎虎的涂鸦之作，只能是转瞬即逝的泡沫。但从长远看，随着人类对于网络依赖程度的进一步增强，网络文学仍会"繁荣"下去，当然是泡沫、泡沫下的沙子以及沙中的金子并存。

李：您的系列长篇小说"农民三部曲"已经完成两部，能谈一下第三部吗？

赵：第三部暂名《青烟或白雾》，是全国文学创作山东中心第二批资助的作品，本应早就动笔，因为改电视剧的事就拖下来了。现在我已经做了许多准备，构思基本成熟，打算 2001 年春天开始写，完成后还是交人民文学出版社出版。

李：祝您取得新的成功。

赵：争取吧。谢谢你。

2001 年第 5 期《当代小说》

写作是一种修行

机遇和念头来自一种 "殊胜之缘"

记者（《齐鲁晚报》记者霍晓蕙 刘国林）：您的系列长篇小说"农民三部曲"《缱绻与决绝》《天理暨人欲》《青烟或白雾》，前年已在人民文学出版社出齐。这三部长篇小说从不同的角度对中国近百年来的农村生活做出了全面而深刻的表现，获得了极大的荣誉和多次奖励，其中《缱绻与决绝》还曾在全国第五届茅盾文学奖终评时进入前十名，人们普遍认为您是农村题材写作的高手。但我不久前在《美文》杂志上看到了您的万字长文《高旻之禅》，文中透露，您正为一部佛教题材的长篇小说做准备。您是怎么萌生这个创作念头的呢？

赵：谢谢对我创作的关注。我以前的作品的确以农村题材为主，先是写了上百万字的中、短篇小说，从1993年开始我进入了《缱绻与决绝》的创作准备，写完这一部之后又写出了《君子梦》（人民文学出版社成套推出时改名为《天理暨人欲》)和《青烟或白雾》。这个宏大的工程耗去了我生命中的十年，尽管有些读者给予较高评价，但我觉得并不十分如意。缺憾是永远的缺憾了，我面临的问题是今后再写什么，怎样才能把作品写得更好。我手头还有两部长篇的构思，都是农村题材。我想，即使把它们写出来，也难以超越"农民三部曲"，没有多大意义。其他领域像官场、都市、爱情等，都是作家如林、作品如山，不差我一个。

2003年秋天正在我苦苦思索的时候，山东省佛教协会会长、五莲山光明寺住持觉照法师捎信给我，让我抽空上山一趟，讨论怎样发掘五莲山佛教文化。我为了去能和法师对话，就从书架上找了一本介绍佛教的书看。在翻动书页时，一个念头突然冒了出来：我写一写当代汉传佛教吧。机遇和念头就是这么来的，用佛家的话说，是一种"殊胜之缘"。

佛教题材对我来说是一次挑战

记者：佛教传入中国2000年来，极大地改变了中国的文化史，也成为传统文化的重要组成部分。今天，依然还有那么多的僧人和居士，知识界也有许多人对佛教文化感兴趣，您的这个创作计划很有现实意义，现在准备得怎么样了？

赵：创作念头只是那么一闪，要把它变成作品可就难了。尤其是佛教题材，对我来说是一次极其严峻的挑战。佛学博大精深，佛门渺冥玄秘。于是我从两个方面入手，一是佛学，从学理上掌握基本教义，一年来读了上百本书，做了几十万字的笔记；二是佛教，深入了解佛教徒的宗教生活，一次接一次地走进寺院和居士林。佛教最为兴盛的江浙一带，我先后去过两次，把中国佛教史上的一些著名寺院都看了。我住进庙里，听经声佛号，与僧人长谈，在获得大量写作素材的同时，自己的一颗心也变得日益平静与安详。

记者：很有意思。您会不会变成一个佛教徒？

赵：不会，肯定不会。因为佛经里的某些东西我还不能完全理解并接受。但宗教在当今社会，至少有两点功用应当给予充分重视：一是劝善；二是安心。特别是后一条。你看现在，有多少人在滚滚红尘中叫苦连天，声称心累、心烦。那么，读一读佛经大概就会改变心境。鲁迅就曾说过："释迦牟尼真是大哲，我平常对人生有许多难以解决的问题，而他居然大部分早已明白启示了，真是大哲。"

我这部《双手合十》绝对不是宣教作品，我是向读者展示当今汉传佛教文化景观，让读者了解那一部分人是怎样企望着完善心灵、超越生命，在做着怎样的实践。

记者：《双手合十》什么时候能够问世？

赵：大约明年吧。时间拖后了一点，因为我最近插空写了一个小长篇，叫作《魔戒之旅》。好莱坞大片《魔戒》（也译作《指环王》）不是在新西兰拍的吗，那儿成为全球亿万魔戒发烧友向往的"中土世界"，去那儿旅游被称作"魔戒之旅"，我这本小说将是一部很好看的小说。

对商业大潮我不是没有感觉到

记者：您涉足的领域真是大变样了。这是不是意味着您今后的创作不再关注农村和农民？

赵：不。我来自农村，出身于农家，对土地的关注是我一生一世都不会放弃的事情。我近期发表的一批中、短篇小说，基本上都是农村题材，如《生命线》《发动》《留影》《嫁给鬼子》《被遗弃的小鱼》，等等。

记者：我注意到了，它们的转载率还挺高。其中《嫁给鬼子》这部中篇小说，国内几家最权威的选刊都转了。您怎么会写出那么一个故事？

赵：我两年前听说了一件事情：有位姑娘去日本打工回来，接到一个丧偶的日本男人的电话，想让她嫁给他。姑娘考虑再三，决定与相处多年的男朋友分手，嫁到日本。这事虽然引起轩然大波，但姑娘决心已定，就一边操练日语一边等日本人前来领她。等到日本人真来了，领走的却是另一个姑娘——那日本人勾挂了好几个中国女孩，最后从中挑选了一个。这故事一直存在我的记忆里，每次想起心情都十分沉重。2004 年春天《时代文学》向我约稿，我便把它写了出来，以此表现当代部分农民在金钱的冲击下人生价值取向的位移。

记者：您的《缱绻与决绝》曾被盗版，成为一本《石牛原》，作者则署了陈忠实的名字。听说最近又有类似事情发生？

赵：是的。这次是"农民三部曲"全部被盗版，三本书的作者署名全是"陈忠实"。

记者：这种盗版行为着实令人愤慨，应当坚决打击。不过，他们这么盗版也有一定的原因，那就是您的"农民三部曲"在文化含量、厚重程度上真的与陈忠实先生的《白鹿原》接近。我曾与陈先生通过电话，他读过您的作品，而且很欣赏。

赵：《白鹿原》对我的创作影响很大，但我承认，我的"农民三部曲"没有《白鹿原》那么完美和圆融。

记者：您的作品大多是小说，但也有一些散文随笔，像《高旻之禅》等，让读者看出了您在这方面的写作才华。

赵：散文随笔是最能见出作家功力的文体，因为它不像小说，在某种程度上能够用故事来遮掩作者思想的苍白和文笔的拙劣。我很喜欢这种写作，这些年来也有上百篇吧，但自己满意的并不太多。最近选了一些结集为《阴阳交割之下》，由山东文艺出版社出版。今后，我还会在这方面继续努力。

记者：当今社会商业大潮汹涌澎湃，让许多文化人神不守舍，而您却对文学一直非常虔诚，一直在勤奋地写着。您为什么会有这种心态？

赵：对席卷这个时代的商业大潮我不是没有感觉到，但我觉得，人生在世，一定要搞清楚自己可以干啥，不可以干啥。尤其是到了我这个年纪更要明白。这大概就是"知天命"的一项内容。我一直认为，文学就是我的宗教，写作便是一种修行。我必须像一个真正的佛教徒那样，用心专一，勇猛精进，这样才能求得开悟，求得创作与自身生命的升华。

2005 年 1 月 25 日《齐鲁晚报》

在土地上吟咏，吟歌，甚至吟啸

王万森（山东师范大学教授、博士生导师）：文学与文化资源的关系在临沂地区有很多可挖掘的东西，我们准备做个访谈录，回去后再做系列评论，将访谈、评论与这个地方的文学史一起考虑，在几个层面上同时来做。这次访谈可以作为评论的参照，还可以收入课题之中。

李建英（山东师范大学博士研究生，以下简称李）：我们的课题是革命老区的文化形态和文学思维的演进，主要关注在20世纪这个大的时间跨度内中国新文化与新文学的关系，沂蒙革命文化老区作家的创作思维在文学现代化中的内在价值，以及它们内在的必然联系。

周志雄（山东师范大学博士研究生，以下简称周）：沂蒙的革命传统在全国很有影响，当前对它的发掘和研究都还比较薄弱，而它本身又很有文化价值。您的写作深受沂蒙文化的影响，请您谈谈对沂蒙文化和20世纪沂蒙文学的看法。

赵德发（以下简称赵）：沂蒙这个地域在历史上就具有独特的

特征，这一方水土虽然和中国北方差不多，但它还是有一些有特色的东西，不仅在民俗上，更多地反映在这个地域的民众心理上。对于文学来说，其中有演化的过程。最早的是在"五四"时期的王思玷，他最早接受西方的现代文学观念，受了现代文学思潮的影响，身居这个地域之外又回眸沂蒙地区，写出七篇短篇小说，发表在茅盾主编的《小说月报》上。他是一个很独特的沂蒙文学的先驱，但是他对以后的山东文学以及沂蒙文学的影响不是很大，一方面和当时的媒体传播有关系，另一方面就是他英年早逝（1926年在参加革命斗争中牺牲）。真正的沂蒙文学史从解放区文学开始，不可避免地受到党的文艺方针的影响。当时也必须那样做，为了夺取政权，就要把文艺当作武器。解放区中成长出一批作家，如苗得雨、王安友等，他们在当时文学准备严重不足的情况下，响应了党对他们的召唤，写出大量文学作品，在当时起到了一定的作用。他们那种对文学的热情，是值得钦佩的，对他们作品文学性的欠缺不应该太苛求，应该历史地去看。再一个阶段就是20世纪50年代，刘知侠的创作在当时达到了一定高度，成为新中国代表性的作家。这个时期的创作不可避免地受"革命英雄主义"的影响，阶级的立场、政党的立场非常鲜明，这批作品影响了不止一代人，因为我们当时培养起来的大众审美观念就是那个样子，再说也没有其他的审美样式，那种英雄主义，那种战争中的美丑观念，在美学上也有其意义。这种文学的余韵一直延续到"文化大革命"后新时期之初，其中代表作家作品是魏树海的《沂蒙山好》、张恩娜的《端午》。他们承袭了以前的文学观念，继续讴歌党领导的革命，表现战争、人民、英雄主义和奉献牺牲精神。《端午》创作于1983、1984年，《沂蒙山好》稍早一点，在20世纪80

年代初。

　　新时期一批中青年作家,随着思想解放的步伐,接受了新的文学观念,他们用新的目光来审视这方水土,认识过去的战争以及战争带来的诸多问题,写出了新的作品。苗长水的小说比较唯美,那种"长长的流水"当时确实感动了很多读者。刘玉堂用另一种路子也在写这些故事,虽路数不同,但其精神取向、观念差不多,包括我的《通腿儿》也差不多。王兆军的视角更为广阔,而且他不只是写历史,写现实也比较多,如《拂晓前的葬礼》,他的观念更为超前一些。文学观念是一步步前进的,但是还不够,还要向前走,应该站在更高的制高点上看待这方人民。再回过头看沂蒙山人,千百年来他们就像泥土一样地生活着,就那么不显眼地存在着,战争的车轮滚滚而来,一下子改变了他们的命运,他们像一块块泥巴那样地被碾轧、被抛弃,有的去了高处,有的换了地方,有的还在原地不动。

　　时至今日,应该站在更高的层次来看待战争与人,正义的战争是值得歌颂的,但从人类发展史上看,战争给人增加了很多苦难。人的生命本来短暂,而战争更使这种短暂的生命早夭,这是很悲惨的事情。我在临沂烈士陵园,也就是华东烈士陵园,看到石碑上刻的那六万个名字,心情真是无法言说。电影《大决战》中表现淮海大战,国共两党的士兵端着刺刀相互杀死对方,那都是农家子弟啊;《风雨下钟山》有非常壮丽的历史镜头,但最让我掉泪的是,战争突然爆发了,老百姓牵着毛驴带着仅有的家当,扶老携幼逃难的镜头,这就是老百姓在战争中的命运。

　　从大的历史发展角度看,是否历史的前进都要有许多无谓的牺牲?

要有人付出代价？军人伤亡的数字在军事家、政治家眼中只是个数字，老百姓牺牲的数字连统计都没有，他们也是人啊。所以我接受这样一种观念，一点点地改良，一点点地改革，平静地、温和地将社会推进，也许是我们应该走的道路。

今天文学在往前走的时候，应该抛弃一些旧的观念，抛弃思想上的羁绊和禁锢。在"农民三部曲"中，我就写了20世纪中国农民的苦难，着重表现苦难以及他们对命运的不甘与抗争，对于新生活的向往和追求。不知你们有没有注意，我在"农民三部曲"的创作中有意抹淡了沂蒙山色彩，虽然其中有些风俗描写，有些地域性文化还带有沂蒙山的味道，但是我不愿使自己的创作再贴上"沂蒙山"的标签，当然它可以被放入沂蒙文学中进行研究。一个主要的原因是，"沂蒙山"叫来叫去，被赋予了太多的政治色彩，一谈就是革命根据地，一谈就是"抗战""支前"，所以我更愿意说是鲁南，通过描写鲁南展现中国北方农村生活的缩影。另外，从中国的历史进程上看，传统意义上的农民确实进入了终结阶段，在渐渐消亡，代之而起的是从生产方式、生活方式乃至思维方式都变化了的全新的一代农民，这个过程并不是说已经实现了，但已经开始，这是事实。就是说，现在的农村已远远不是过去的农村了，再下去一个时期，这个进程会更快，在21世纪我相信会完成这个终结阶段。到那个时候，生产方式现代化，生活方式上城乡没什么差别，尤其是在政治待遇上，农民会有更多的参与机会。我的"农民三部曲"就是要描写这个过程，从几个方面来写这个转型过程。我写"农民三部曲"从一开始就下决心，为历史负责，尽力地接近生活的本质，尽管自己可能力所不逮。

李：沂蒙文化在20世纪可以说是传统文化（包括儒家、道家、佛家文化）、"五四"新文化、马克思主义革命文化以及80年代以来西方文化的交杂混生，当然不仅仅是沂蒙文化或山东文化如此，整个中国的文化状态也差不多是这样，但沂蒙这个地方还是有自己的特点，请您谈谈这种混杂的文化是如何影响您的创作的。

赵：这个文化的血脉是割不断的。我在这片土地上长大，血质是这个土地给予的，尽管它已经变得不纯了。如你刚才所说的，原来沂蒙的地域文化，加上外来灌输的那些文化，包括一些其他文化，使我体内的气血变得复杂起来。我力图摆脱，但摆脱不了，因此在作品中还是留下了痕迹，但是你也能看出我所做的努力，我试图使它更纯一些，更当代一些。

李：您的创作，立足于当代现实的基础上，去反观沂蒙文化或者说北方文化在一个世纪中的变化、冲突，很有历史的纵深感。比如在《缱绻与决绝》中，就描写了近一个世纪中在不同阶段农民对于土地的心理变化，从痴迷梦想直到抛荒离弃，浓缩了千百年来农业文明下人的生存方式，以及在新的历史情境下这种生存方式的逐渐变化，其中蕴含着农业文明向工业文明、商业文明的转变，在转变中必然产生了各种各样的矛盾与冲突。您怎样看待这种转变与冲突？

赵：历史与现实相互映照，更让人产生沧桑之感，这正是我在写作中所追求的。

李：经过半个世纪的时间变化，今天我们在新的历史语境下，比如说全球化、信息化、现代化等，如何去重新认识与界定"革命""革命文学传统"等红色话语？

赵：学术界对"革命""改良"已经讨论许久了。目前对"革命"的派生物"革命文学"的认识还很肤浅，这有几个原因。首先，因为主流意识还是一以贯之的。从另一个角度看，以前的文学确实有其存在的合理理由，什么事情都得用历史的眼光去看，我们不能对历史苛求，既然我们对历史都无可奈何，对它苛求不是很可笑吗？那个时期的作品在认识、教育意义上，可以让我们了解当时社会的状况、生活景观，并在当时起到鼓动的作用，这正是我们党想要它做的事情。

李：现在就有学者提出应该消解对20世纪五六十年代，包括对四十年代文学创作的情绪化反应，认为应该深入阅读那段历史的文本与资料，去客观地批评与研究，以开放的心态把四十到六十年代的文学研究融入整个20世纪中国文学生存环境的背景下进行审视，才能使那段文学作品成为富有生命力的民族文化积累。您怎么看待这个问题？

赵：这涉及一个文学的立场问题，由于所站的立场不同，观点也就不同，这很值得研究，但总的来说还有一个客观标准。

李：刚才所谈的是20世纪的主流意识形态，但是对于山东这个地域来说，自古以来这个地方就出响马、土匪，比如红巾军、水泊梁山、捻军，在您的一个短篇小说《匪事二题》中也写到了这一文化现象。就土匪现象来说，我觉得在一定意义上它是和革命相通的，都是一种反抗精神与行为，只是评价的标准不同而已。

赵：我们这个地域的人民对苦难多数是忍耐，忍耐下去，实在忍无可忍就爆发出来，结果很容易导向政治方面，有的是直接的革命意义上的造反，又自觉地受主流意识形态的指导；再一种是盲目的、自发的，他们一般以物质为目的，也就是打家劫舍；也有以夺取政权为目的的，其政治指向更为鲜明。他们都是对现有社会秩序的反抗。过去，在临沂、郯城、苍山出过很多土匪，包括女土匪，在1910—1920年代，鲁南一带有40多个很有名的土匪头子，带有传奇色彩。

李：这里就有一个评价标准问题，拿20世纪来说，中国上百年的历史屈辱，对外来侵略的反抗就具有正义性，比如莫言的《红高粱》里那个土匪头子余占鳌，他也带领土匪抗击日军，但是他不归属任何党派，无论是共产党还是国民党，因此虽然他的行为具有正义性，但他的身份还是土匪，或者说是草莽英雄；李宗仁指挥的台儿庄大捷，他隶属于国民党，是党派的抗日行为，因此李宗仁就成为抗日民族英雄；而只有共产党，以马克思主义理论为指导，以解放大众为目标，既反抗日本的侵略，又反抗国内的压迫。在《铁道游击队》里刘洪、王强成了抗日革命英雄，这里的"土匪""革命"就带有很强的意识形态色彩和党派色彩，而不仅仅是道德意义上的评价。如古代的"土匪"和"起义军"，在儒家正统伦理道德范围内，造反的都是"匪"，而后世称为"义军"。

赵：对人的约束，儒家的道德规范作用十分微弱，法律都起不了应有的作用。在生存成为严重问题的时候，生存就是第一位的。

李：在您的创作中有没有一个较为集中统一的"文学意象"？比如在四川作家的作品中就凸显出一种地域性生存形象，有学者把它归结为"巴蜀意象"，像火辣辣的川妹子、鸦片、茶馆等，这涉及一个区域性文学及区域内生存者的精神上的特征。

赵：这种"意象"可以说是一种标志物。我不赞成这种手法的使用。我更主张回归混沌，接近本真。如果说有的话，《缱绻与决绝》中的"铁牛"、《君子梦》中的"雹子树"可以说是一种隐喻吧。

李：我倒觉得"铁牛"和"雹子树"在小说中不仅仅是隐喻，而有一种结构上的特征。比如"铁牛"在历史上的三次哞叫，每次都是在土地制度大变革的关键时刻，直到90年代它被作为文物保护，并以它为主题举办了大型招商文艺演出，这都暗合了时代性的特征，"铁牛"便具有了结构上的意义。在《缱绻与决绝》中，您描写了"土地与农民"的命运，在小说里作家基本保持了客观中性的立场，对人物命运的变化总是从百年历史的角度着眼，不为所动，颇有"天地不仁，以万物为刍狗"的气魄，因此有的评论家称誉其有史诗性的眼光。但对其中的一个人物"绣绣"，却明显觉察出您的同情、眷恋与惋惜。绣绣是宁家的大小姐，本已许配了如意郎君，却在成亲前夕被土匪绑架，不得不下嫁给贫农之子封大脚而坎坷一生，您把她描写得坚强、温婉、通达、明礼，对这一人物您是如何看待的？

赵：对"绣绣"这一人物形象，我是很喜爱的，在她身上更能够彻底地传达出偶然性因素对人的命运的巨大作用。人出生后命运往往不同，先天所赋予的条件，后天的努力以及所处的环境都是不同的。消灭阶级，这永远只是个梦想，阶级永远也消灭不了，就是因为这些因素，人永远都会在各阶级中轮回，而政治家要做的就是努力使这种差距不至于太大，不使社会矛盾激化导致崩溃，以维持社会的稳定。以前的地主、富农，是有为富不仁的，像"马无夜草不肥，人无横财不富"所说，通过掠夺，通过不正当手段起家，但更多的还是正当致富的，靠节俭持家。我之所以把封大脚这样一个中农作为中国农民的代表，就因为在他身上最能体现出农民的特点，一心想上升，兢兢业业。人物的不同命运，其中有家族的遗传，也有文化的积淀，错综复杂的因素都起作用。

李：《君子梦》这部小说简单说来，是在百年的历史跨度内探讨中国的道德问题，其中明显潜藏着作家对现实环境中"道德滑坡""价值失序"的焦灼感，并努力通过对儒家文化道德的挖掘而寻找到救赎之路，其中包含着对传统文化的期望。您如何看待儒家文化在当前"价值失范"状态中的作用？又如何看待当前的社会转型与文化转型？

赵：儒家文化在中国传承了2000多年，利弊都有，影响深远。今天看来，儒家文化还是有其独特价值和现实意义的。我们应该通过扬弃与改造，使之与今天的社会接轨，为我们的社会增添和谐与安宁。事实上，当前许多学者都在探讨文化重建，其中就包含如何认识和传承儒家文化的问题，我期待着能有一个好的结果。在当今，社会在转型，文化也在转型，我们一方面要与时俱进，理解和接受一些新思想新事物，但同时，也要保持一种定力，对中华传统文化保持一份自重与自信。这样，才能在东西方文化交流中掌握话语权。

李：虽然儒家的道德再现层次上是断裂的，但是在潜在的因素上，对人的思维方式、行为方式上还是有很深的影响。

赵：是的，传统的伦理道德也还存在，但各种价值观共存。

李：在中国正处于传统文化向现代文化过渡的过程之中，问题是传统儒家文化在当代社会，与商业文化形成冲突，这实际上是两重标准的问题。

赵：是有这个问题，道德评判与历史评判并非一致，存在着矛盾。"以德治国"要求无私奉献，而"三个有利于"则不涉及善恶问题，是

历史标准。

周：这个问题不是新出现的，自古以来一直都是这样的，这就是韦伯所说的"信念伦理"与"责任伦理"的冲突，康德所说的"价值理性"与"实践理性"的冲突。

李：您认为自己的创作具有哪些独特之处？

赵：也不能说独特，就说我的艺术追求吧。拿《缱绻与决绝》来说，首先，我认为是全新的历史眼光。我尽量用新的观念来观照农村的历史与现实。其次是鲜活生动的情节与人物。我想把小说写得好看。虽然一些先锋小说家瞧不起故事，可我认为小说最起码的还是故事，包括英国的福斯特也认为故事是小说的基本要素，应当能让读者有兴趣看下去。当然，故事与情节要灌注着作家的独特思考，而不是泛泛一般的故事。第三是密集的审美信息。《缱绻与决绝》出版后，有人对我说："你的材料用得太多了，用它写两部、三部小说都可以了。"我说："我要的就是这样的效果。"在快节奏的信息社会，信息量就要大，一定要有密集的审美信息，就是可以引起读者审美愉悦的信息。我从来不疼惜素材，这样可以不断给读者冲击、刺激，增加作品的分量。

李：对文学的变化，尤其是新时期以来，您认为自己的创作、观念受到了哪些作家作品、文学思潮的影响？

赵：我出道比较晚，1988年到山东大学作家班上学才正式开始文学创作，这也有好处，我就较少受到原先的文学观念、思维方式的影响，而直接接受了新的文学观念、创作手法。《通腿儿》没有按照过去的文学观念来表现沂蒙山的生活，主要是在人文观念上受了当时的影响，对这方水土上的生命产生了新的看法。我了解一些新的创作手法，在短篇上也尝试了一些，但在"农民三部曲"上我还是主要用现实主义手法。

周：莫言在写了《檀香刑》之后，接受记者采访时说，他的作品是写给卖烤地瓜和拉大板车的人看的，您在创作中有没有对自己读者的定位？

赵：我想雅俗共赏，既想让城市的读者爱看，也想让农村的青年喜欢。在写的时候，我就问自己，读者和你不认不识，你凭啥让人家掏钱买你的书？一问之下有时能把自己问出一头冷汗。作家懈怠不得，应该想到读者。当前，虽然市场化、商业化很严重，但纯文学与商业化并不矛盾。拿出高品位的作品，一样能在市场上站住。

周：同是写农民的作家，如路遥、李佩甫，还有陈忠实，他们都写一方水土上的农民在历史变迁过程中的心理、价值观念的变化，您认为您的作品和他们的相比有哪些独到的地方？

赵：独特性还是由你们来说吧，我自己不好说。那几位作家都是很优秀的作家，像陈忠实的作品文化含量非常高，李佩甫的小说有自己独到的思考，路遥的长处在于写活了小人物的抗争与命运。

李：临沂这个地区，它在历史的变迁中有着巨大的变化，实现从农耕社会向商业社会的转变，在这个过程中，您认为有哪些哲学的、政治的思潮对这方土地产生了影响？

赵：变化确实大，过去是农耕文化，以农为本，现在临沂的商业全国都有名，这是因为这个地区的一部分人完成了商业化转型，有超前性。这与时代的影响有关。再就是临沂的地理位置，鲁南重镇，南来北往交通发达，加上这个地区人口稠密，本身就可产生很大的商业消费。

当然，完成转型的只是一部分人，对大多数人来说还是任重道远。

周：在《缱绻与决绝》中，农民在沉重的生存压力下，只求生存，不求纲常，这是否可归纳为一种朴素的实用主义的方式？

赵：他们一代代受传统文化的浸淫，儒家文化以习俗的方式规范着他们的言行，一般状态下是这样的。但在他们的生存受到严重威胁的情况下，却首先是求生存，不讲纲常。他们在很多方面采用实用主义方式，如娶妻首先要健康能干，要胖乎乎的，要能生孩子。他们性格中也有狡黠、愚顽的一面。

周：在《我知道你不知道》这个小说中，您把官场上办公室里的微妙心理写得很好，结合您本人有过八年的官场经历，在您以后的创作中是否还有涉及这方面题材的计划？

赵：官场是我写作的一个资源，也写了一些作品，《我知道你不知道》是我比较满意的小说。除了这个，还有《跨世纪》《今晚露脸》《抢人》《葛沟乡重大新闻》等七八个中、短篇。以后，也许我还会写一些这方面的作品。

周：在您的创作中，有哪些作品是您比较满意的，或者说标志着您创作的阶段性作品有哪些？

赵：我的阶段性创作，可以分成三个时期：一、习作阶段。在《通腿儿》以前，有十来个短篇，都是习作。二、起步阶段。以《通腿儿》为代表，有两个系列，一个是对沂蒙山往昔生活的表现，一个是对乡村教师生活的表现，大体在1990—1994年。《通腿儿》《蚂蚁爪子》《窖》《我知道你不知道》《杀了》是我比较满意的作品。三、成熟阶段。就是"农民三部曲"，从1995—2002年。

李：请您再谈谈您的新长篇，也就是"农民三部曲"中的最后一部《青烟或白雾》。

赵：这部小说分上、下两部，共38万字，主要表现农民与政治的纠葛，展示他们在历次政治运动中的命运。这个主题非常难写，但最终还是让我较为满意的。这部小说的独特之处在于，我希望书问世之后，能像当年《唐·吉诃德》横扫西班牙骑士小说那样，让近年来风行中国文坛的清官文学有所收敛。当然，这是我的狂妄想法，我的作品哪能有那么大的功效。但我要让人知道，"清官"是不祥之物。他们之所以为大众所渴盼，就因为太少，这显示了社会的不正常。清官只是封建时代里几颗孤单的晨星，仅凭着这样几颗晨星是照不亮中国的政治前途的。对清官意识的宣扬，其实就是在培养老百姓的草民意识。"万民伞"和清官庙，是这部小说中的细节，还有大量好看的故事，可读性很强。我这部小说的主旨就是呼唤民主与法治，希望你们把它与"农民三部曲"的前两部放在一起评论。八年的努力，这个大工程终于竣工，三座房子建得怎样，还请老师朋友们多多指正。

周：在您的作品中多次写到人物的死亡，命运感很强，像《窖》里就闷死了很多人，这在长篇里有，短篇里也有。您对笔下的人物具有一种悲悯感，您怎么看待这种悲悯意识？

赵：作家的一个重要素质，就是要有这种悲悯意识。

周：您在写作中感到最大的困惑是什么？

赵：是结构问题。它曾多次严重困扰了我。"农民三部曲"，每一部小说的时间跨度都达半个世纪以上，这么多的材料，这么长的时间，如何来安排，是个大问题。但经过努力，后来都解决了。还有视角问

题,也令我为难。写第一部之前,我曾长时间不知如何下手。然而1994年年底南京的《青春》杂志搞了一次广西之行,我上了飞机以后俯瞰大地,连绵的群山、缥缈的人烟,在下面缓缓移动,让我一下子找到了感觉。我知道了,应该以这样的角度来俯瞰时空,结构问题、视角问题全部得到了解决。第三部也是困惑了好久,最后只好分为上、下两部,现在看来还是比较合理的。

周:谢谢您接受我们的访谈,祝您写出更多的传世之作。

赵:谢谢!

《沂蒙文化与现代沂蒙文学》,齐鲁书社,2006年出版

坚守

七月流金。继 2006 年 6 月参加中国作家协会组织的中国作家采风团，远赴四川爬雪山过草地纪念红军长征胜利 70 周年之后，"七一"刚过，赵德发又马不停蹄，风尘仆仆，踏上中共山东省委宣传部组织的赴莱芜、临沂等山东革命老区采风之行……许多年来，赵德发似乎总是疲于、乐于这种游走，奔波深入于中国大地，为大地生灵，奉上所有的悲悯情怀。

1996 年、1999 年、2002 年，赵德发系列长篇小说"农民三部曲"——《缱绻与决绝》《君子梦》《青烟或白雾》在人民文学出版社出齐。作家毕十年之功，完成了对中国近百年农民生活、农村现实的广泛关照和深沉反思，其恢宏气势、阔大视野、文化底蕴和人文情怀，在浮躁萎靡的当代小说潮流中卓然不群，足以彪炳文学史册。1997 年第 6 期《当代》刊发了题为《人类法理精神的文学颂歌》的万字长论，对该书给予高度评价："作为写农村题材的作品，小说堪称最优秀的经典之作""以这部小说的问世为标志，中国文学界获得了文学艺术的光荣，也获得了社会哲理的光荣"。《作家报》组织全国近两百名专家学者评选"1997年十佳小说"，《缱绻与决绝》名列第一。山东省作家协会主席、著名作家张炜用他独特的语言赞扬道："（赵德发）好像在泥土里沤制了一千年，终于化成了土地的器官，一开口即有大音。"

七月流火，光芒刺眼。

赵德发出生于山东莒南，其地接近儒教发祥地曲阜，夙被周公、孔子之化。加以赵德发偏于理性思辨的个人气质，他的创作越来越明显地显示出伦理、政治、哲学思索的轨迹。除"农民三部曲"外，他还有很多中、短篇（结集为《赵德发自选集》等出版）和散文作品（已结集为《阴阳交割之下》出版），其中不少是可以纳入理性写作或智性写作的，如《结丹之旦》《思想者人说叔》《魔戒之旅》以及即将问世的长篇新作《双手合十》等。"农民三部曲"的最大成功，也正在于作者独特的历史主义思考。"农民三部曲"分别聚焦与农民休戚相关的三个问题：土地、道德、权力，围绕这些主题在较长的时间段中展开纷繁错杂的故事叙述，最终完成了自己的主体性思考。总体而言，赵德发依然遵循长篇小说的经典叙事方法和结构原则，但其叙述显然已跳出史诗彀中。赵德发怀抱儒家传统的济世情怀，坚持现代文学批判社会现实的传统，意欲借助文学想象剖析中国走向现代化的重重阻力和两难困境，其凌云壮志过人。尤其是对土地、道德、权力的提炼选择，已经堪称慧眼独具。自现代以来，中国农村，乃至中国整体社会进程，都无可退避地卷入了土地、道德、权力的漩涡。在现代化的探索过程中，"土生万物由来远，地载群伦自古尊"的古训，仿佛只是阻挡历史潮流的腐儒之论，于是土地必然与血、战争、饥荒、家园紧紧缠绕，演绎出人世间沉痛悲怆的大悲剧。荀子说："凡人之患，蔽于一曲，而暗于大理。"也许只有经历历史的惨痛教训，人类才可能领悟大自然无言的昭示，土地才可能恢复它作为人类家园的终极地位。而目前对现代化的正义性、科学发展观的反思，不仅是人类学意义上的人文关怀，也是全球化语境下本土思想文化领域新一轮破除愚昧的文化自觉运动。《缱绻与决绝》高屋建瓴地透视中国现代化历程中至关重要的土地变迁，同时又能切身体会传统农民的恋土情结和创伤记忆，对土地革命（广义上的）的历史进行创造性地改写，无论在社会批判还是文化批判的层面都是很有意义的。《君子梦》是最能体现赵德发文化素养的作品之一，其深厚文化底蕴不仅见于儒家经典、理学精义的通达运用，还见于人名安排的细微之处，如许瀚义、许正芝、许景行、许景言、许合心等姓名，既合乎儒家教义，又契合各自品行。其以几代律条村领导失败的治心史展现无法纾解的道德悖论，从一个村庄辐射百年中国以至于几千年中华文明与道德纠结的困厄，就其艺术意蕴而言已功德圆满。

记者（《日照日报》记者南方）：据我所知，您出生在农村，学历不高，是什么原因让您改变了生活轨迹，走上了写作之路？

赵德发（以下简称赵）：我是农民的儿子，出生在一个山村。小时候只知道自己生在庄户家庭，长大了还要打庄户，所以对自己不太重视。虽然后来上学读书表现出一点小聪明，但听大人讲，心眼多了会把人坠得不长个子，于是又视聪明为耻辱，对学习感到无所谓。小学没上完，因"文化大革命"停了课，我也没感到有多少苦恼。后来邻村

"完小"办起初中班，我就成了那里的学生。在那里整天学工、学农、学军，就是不学文，我想，这样还不如早回去劳动呢，就回去当了"公社小社员"，给生产队割草喂驴，一天挣六个工分。如果不是后来我当上民办教师，让我的生命之轨转向另一个方向，那么今天我很可能是一个因为身小力薄种不好庄稼、也没生出儿子（我只有一个女儿）因而活得十分卑微的庄户汉子。当上了教师，重又捧起的书本慢慢拂去蒙眼的黄土，让我开始审视眼前的土地和这土地上的人群。后来有些零星感悟，我便在工作之余写起了小说。开始写得挺难，1988年进山东大学作家班读书之后才算开了窍，写出了《通腿儿》等一批中、短篇小说。

记者：1997年至2002年，您的长篇小说"农民三部曲"《缱绻与决绝》《君子梦》《青烟或白雾》由人民文学出版社隆重推出。当初您开始这一宏大创作计划的动机是什么？

赵：在山东大学作家班学习以及毕业后的几年里，我受八面来风的冲击，逮着啥写啥，土法洋法都试过，到头来心中一片茫然：这么写下去到底有多大意思？我这一生是押给文学了，那么写什么才能真正体现自己的生命价值呢？我不由自主地又将目光投向了土地。我此时才体会到能引起我最为持久、最为深沉的创作冲动的还是土地和农民。这种创作取向是由我的血质决定的。就在这时，我发现我们正处在一个最伟大的历史转折时期：存在了几千年的中国农民，目前已经进入了终结阶段，而再过一段时间，传统意义上的农民将不复存在。认识到这一点之后，我随即萌发了一个很大的野心：我要用三部长篇小说也就是"农民三部曲"的形式，全面而深刻地表现农民在20世纪走过的路程，写一写他们的苦难与欢欣、他们的追求与失落。受这份"野心"的驱使，我写"农民三部曲"从一开始就下定决心，要为历史负责，尽力地接近生活的本质。尽管自己可能力所不逮，但我一直在努力。

记者：有人称您的这三部作品有史诗性品格，而现在文学界有人在批评作家的"史诗情结"，您对这个问题怎么看？

赵：其实，长篇小说的内容与创作从来都是多样化的，从事宏大叙事、展现巨幅历史画卷，仍然是一个重要的路数。如果作家都去搞"私人写作"，只写自己的悲欢、自己的"小宇宙"，而不去关注人类历史进程和历史进程中的人物命运，文学肯定显得单调。当然，"史诗"是"史"与"诗"的有机结合，而且应突出"诗"的品质。从这个要求来看，我的作品还有很大的不足。

记者：读您的小说，命运感很强烈。您是怎么做到这一点的？

赵：长篇小说的一大特点，或者说是一大目标，就是写出人物的命运。人生在世，有命有运，而决定其命运的因素又有许许多多，有主观的，有客观的，尤其是大历史中的小人物命运，更让我们感叹，让我们沉思。我们构思一部长篇的时候，一定要在命运感上下功夫，精心构思，写出历史环境对人物命运的改变，也写出人物性格对其命运的影响。我的"农民三部曲"中，封大脚、绣绣、许正芝、吕中贞等主要人物都有一条跌宕起伏的命运线。特别是《缱绻与决绝》中的绣绣，她的命运大起大落，我写她的时候曾多次落泪，不少读者也告诉我，绣绣的命运让他们痛心甚至痛哭。一部写不出命运感的长篇，只能是一锅温吞水，很难满足读者。

记者：您的写作以农村题材为主，但最近得知，您正创作一部佛教题材的长篇小说?

赵:是的,我以前的作品以农村题材为主,先是写了百余万字的中、短篇,从1994年开始,又用八年时间完成了长篇小说"农民三部曲"。2003年秋天,五莲山光明寺住持觉照法师捎信给我,让我上山讨论怎样发掘五莲山佛教文化。就在这时,一个念头突然冒了出来:我下一步写当代汉传佛教吧。用佛家的话说,这是一种"殊胜之缘"。这部书叫《双手合十》,已经完成初稿,正在修改。

记者:回顾这么多年的创作,从早期的中、短篇,到"农民三部曲",再到宗教题材的《双手合十》,您觉得您的写作发生了什么变化?

赵:视野向宏阔转变,主题向深层次转变,语言向文雅转变。

记者:曾有作家认为,要写出畅销书,一定要选择能够广泛吸引人们深层次共鸣的题材。您认为,现在读者的胃口好对付吗?

赵:很惭愧,我至今还没写出真正意义上的畅销书,我的书,卖得最多的是《缱绻与决绝》,几个版本加起来有四五万册吧。我也知道,现在读者的胃口刁得很,不会轻易让你忽悠。所以,我们运笔写作时,丝毫不能松懈。也要看到,现在的小说开始类型化,读者也在类型化。就卖点而言,各有侧重;就读者而言,各有所好。这就是"类型化小说"存在的原因。但就人类的阅读爱好而言,有几点是共同的:新奇的生活,感人的故事,深刻的理念,精妙的语言。这几点,我们应该以毕生之力去追求。

记者:《君子梦》这部小说,文化含量十分充沛,您的思考也很深刻。听说,前几年拍成了电视剧?

赵:是的,2000年,中国煤矿文工团影视部将这部小说拍成了20

集电视剧，剧本由我本人改编，但拍完后至今没能播出。我这里有这部戏的录像带，片头曲很好听，歌词我也喜欢：

> 一条路走了很远很远
> 没有尽头却满是泥泞
> 一个梦做得太长太长
> 几百年了才慢慢苏醒
> 过去的就让它过去吧
> 你听何方又传来读书声
> 过去的就让它过去吧
> 你看校园里的花儿开得正鲜正红

记者：是不错。就您而言，也是"一条路走了很远很远"。这条路，是您的文学创作之路。祝您在这条路上越走越远，佳作不断。

赵：谢谢。

2006 年 7 月 19 日《黄海晨刊》

回顾与展望

李波(曲阜师范大学文学院教师、青年评论家,以下简称李):处女作往往是评论者比较重视的作品,您能否谈谈您的处女作?这部作品对您以后的创作有什么影响?

赵德发(以下简称赵):说来惭愧,我的处女作很不像样子。它是 1980 年夏天发在《大众日报》上的一篇杂文。这样的处女作当然不值得评论家重视,但我至今还珍藏着它。因为那是我第一篇变成铅字的东西,它给了我莫大鼓舞,让我从此走上了文学创作的不归路。那天我收到五块钱稿费,兴冲冲去买来糖块,撒给了学校的教师同事。举动浅薄得很,但那劣质糖的味道至今记忆犹新。

李:您最看重的短篇小说、中篇小说是哪些?能否说一下偏爱它们的原因?

赵:敝帚自珍,有这么几篇吧:

《通腿儿》是我在山东大学作家班学习时写作并发表的,是我的小说创作进入自觉阶段的标志,也是我文学生涯的一块里程碑。

《闲肉》写一个民办教师的故事,表现劳心者阶层从劳力者阶层中剥离的艰难。评论家王光东先生曾说它"无可挑剔"。

《窖》是写沂蒙山区地瓜窖的一组短篇。作品中营造的意境与氛围,我现在很难再克隆出来。

《杀了》是一个好看、好笑而又令人揪心的故事。

《结丹之旦》写道教内丹术,是我的得意之作。

《入赘》是个中篇,能看出我在写作手法上所做过的别样尝试。

《挠挠你的手心你什么感觉》是个中篇,证明自己写婚姻伦理小说也不是太差。

李:您在20世纪90年代的系列小说中,"食"是重要的主题,如《樱桃小嘴》写饥饿和偷吃,《止水》涉及饥饿和伦理,把特定时代农民生存的挣扎写活了,但对其中的人物您很少有价值评判。在这里,能否谈一下您对这类人物的态度?

赵:"民以食为天。"不经历饥饿年代的人,就没法理解这句古话的沉重含义。在家家户户都找不到粮食,只好用树皮草叶充饥的时候,人还能有多么远大的理想?还能在多大程度上坚持所谓的道德情操?所以,我理解他们,无法苛求他们。重要的是,我想通过对饥饿年代里人性扭曲的展现,让读者思考:人的生存权,在那时是怎样丢失的。

李:性是您作品中另一个值得关注的主题,如《窖艳》《缱绻与决绝》《天理暨人欲》等作品反映的农民生活中的性、欲望。但您总是将性作为故事推进的动力,而不是像一些作家特别关注性背后隐含的压抑主题、政治隐喻等。不知您是否同意我的看法？能谈谈原因吗？

赵：在这方面，我曾经遭受过一些朋友的批评。但我想请他们注意到这样一个事实：将性作为故事推进的动力，文学史上的例子有许许多多。首先，《荷马史诗》就是。旷日持久的特洛伊战争是怎么引起的，答案很明显。生存与繁衍，是所有生命体的两种最基本的需求，而繁衍的需求诉之于性。人类性本能的强大，有时真是不可思议，它可以改变个人的命运，也可能会推动历史。当然，在历史的广阔舞台上，性的表现就复杂得多，与政治、经济、军事等诸多方面联系在一起了。在农村，则简单一些。依我童年时的所见所闻，性这东西所生出的故事太多了，简直是浩如烟海。但我写这些东西并不只是简单的展示，还是要通过故事与情节，人物的命运，引发读者去思考、去体悟的。

李：对农民生活的持续关注，对理想的深层探究，使您的小说既带着浓郁的乡间风味，又充盈着悲悯的内质。在您的作品中始终充盈着儒家的道德规范和精神气度，如《天理暨人欲》(《君子梦》)中的许景行、《青烟或白雾》中的"清官"梦想，儒家思想似乎对您的创作影响很大，不知这一理解是否准确？

赵：是的，儒家思想对我影响很大。这除了因为是孔孟之乡的子民，在潜意识中受到的影响之外，还在于我创作《天理暨人欲》的时候，对儒家文化的系统学习。譬如说，中庸之道，甚至成了我个人的处世之道。所以，我在小说主人公的身上寄托着我的理想与思考。然而，我对儒家学说并不是盲目推崇，会在小说中通过对人物命运的描写或者是人物的对话与思考，体现出多方面的批判。

李：近些年历史成为您作品中的重要元素，您精心创作的"农民三部曲"写了农民的土地史、伦理建构史、政治变迁史,在这百年辗转、流变的宏阔图景,显示了一种沉重的真实。对于历史,不同的作家有不同的理解。能否谈谈"农民三部曲"中您更倾向于还原历史,还是建构自己眼中的历史?

赵:应该说,是更倾向于还原历史。因为我发现,在以前的文学作品中,对中国农村历史的表述与描写很不准确。所以,我在创作"农民三部曲"之始就要求自己:一定要为历史负责,要接近历史的本质。这样,读者就看到了我笔下的百年农村。不过,连历史学家都承认,历史是无法还原的,小说家更休想以作品取代历史。再说,这也不是小说的功能。所以,"农民三部曲"说到底只是我眼中的历史,其中包含了我个人的建构。

李:"农民三部曲"您基本上都是以民国、"文化大革命"和改革开放三个不同的历史场景为典型环境,以显示时代转变与农民生活、理念的变迁。您写汉传佛教长篇小说《双手合十》没有采用顺叙的历史描写方式,而是通过史实、民间传说、典故把历史置于现实事件的缝隙中,但小说却带给读者强烈的历史感。您能够就《双手合十》的创作谈谈您的这种历史书写的变化吗?

赵:我不能老是采用"农民三部曲"的写法,必须有所创新。这样,在构思《双手合十》的时候,我就决定让小说主体来表现当代汉传佛教文化景观,而在每一章的后面,都附上一段"秦老诌的诌",让一个老山民胡诌乱扯一通,让他来讲述寺院的历史。这样,当代的故事就有了深广的历史背景。同时,也能让读者领略民间意识、民间视角、民间讲述的独特魅力。

李：从小说中可以发现您特别重视对人物精神层面的刻画和描摹，如《我知道你不知道》《嫁给鬼子》《挠挠你的手心你什么感觉》等，通过生活中的一些小事写人性的弱点，而在《天理暨人欲》《双手合十》等作品中，则刻画出了坚执理想的极端形态，比如许景行、慧昱等，他们虽然人生信念不同，却都坚守着自己的理想，不与现实妥协。是否可以说您是位道德理想主义作家？

赵：我以为，小说不光要描写人在怎样生活，更要表现人应该怎样生活。理想主义，永远是指引作家的神灯，也永远是衡量小说品位之高下的标尺。阅读中外文学的经典作品，其中最让人感到激奇的，恰恰就是那些理想主义的东西。譬如说，托尔斯泰笔下那些人物对于自己灵魂的拷问，对于人的道德操守问题的追问，都是能让读者心灵震颤不已的。我不敢说我的小说达到了什么样的高度，但我是匍匐在大师脚下努力爬行的一个。所以，就有了《天理暨人欲》中许景行对于儒家"修身齐家"主张的艰难实践，有了《双手合十》中休宁和慧昱师徒俩对于"念佛是谁"这一话头的苦苦追问。不过，尽管我的小说中有对道德问题的诸多思考和表现，但我不敢戴"道德理想主义作家"这顶帽子，因为它过于沉重。

李：您的小说给人的感觉是"好看"。能否谈谈您如何让作品更加"好看"？在您心目中好小说是什么？

赵：谢谢你的夸奖。我的《缱绻与决绝》《君子梦》在人民文学出版社出版的时候，终审都是副主编何启治先生。他给予的评价，首先也是"好看"二字。其实，"好看"是小说应有的特质。考察一下小说的出身就明白了：它在历史上为什么能出生、存活并不断成长？就是因为它比那些"经史子集"更加好看。所以,小说家应该绞尽脑汁,千方百计地让小说好看。至于方法,不同的作家有不同的招数。但最基本的,也是老生常谈的,是要有精彩的故事,独特的人物,新鲜的语言,深刻的思想。在今天的快节奏社会里,还要讲究审美信息的密度。说到好小说,这在读者和评论家那里是有很多不同标准的,难以尽数。但我觉得,一部好小说,在读者那里应该是这样的"三部曲":开卷即喜相见恨晚;沉浸其中不能自拔;掩卷之后回味再三。这是从我自己的阅读经验中归纳出来的,是我个人的标准。依照这个标准,我的小说还远远不够,需继续努力。

李:文学在当代面临着前所未有的冲击,电影、电视、网络等媒体逐渐以各自的传播特点与内容分流文学的受众,并培养着新型的创作者,这已是不争的事实。文学在当代生存空间受到了一定的挤压,对于这种持续不断的外在压力,您是如何理解的?

赵:进入21世纪以来,中国文坛的格局在急剧地变化着。呼应着商业社会的前进脚步,一小部分作家逐渐明星化、品牌化、类型化。与这几"化"相伴而生的是什么?是大量作家的沉寂与出局。这种情况将会越来越严重,而且永远不会逆转。像我这样的寡才之人,只能在正视和接受现实的同时,用刻苦写作去抵抗那些挤压和冲击,力争让自己不至于过早地在文坛上销声匿迹。

李:您的哪些作品曾改编为电影、电视剧?您直接从事过影视剧本的创作吗?小说与电影、电视剧在讲述故事方面有很大差别,您是怎么看待的?

赵:我的作品,有一些曾被影视制作单位买去改编权,如《缱绻与决绝》,但到头来因各种原因没有做成。《君子梦》由我改编成20集电视剧,北京的制作方都拍完了,制作完了,迟迟没能播出。不久前,北京另一家公司又决定将我的短篇《通腿儿》《杀了》搬上银幕,现正在运作。这种事情变数太大,只能随缘任运。直接从事影视剧本创作,是今年我正干着的:应北京两家公司之约,分别写了一部40集的电视剧本和一部电影剧本,都是原创。如你所言,影视在讲述故事方面的确与小说有很大差别,而且要根据制作方的意见反复修改,这会让人痛苦不堪。公司老板曾对我说:"好莱坞能把编剧逼死!"我说:"我也让你逼得差不多了。"但平心静气地想一想,他们提的意见真的是有道理,因为影视作品就是有它独特的艺术规律,如不遵从就吸引不了观众,所以最后还是得老老实实地去打磨本子。不过,从事一段影视作品的写作,对我今后如何写好小说也有帮助作用。主要的一条,是可能会把故事写得更加精彩。

李:您对网络等新型媒介始终保持着极大的兴趣,20世纪90年代您就写过一部中篇小说《网虫老杨的死或生》,叙述网络对当代人生活、精神的影响力。2005年您又较早地在新浪网开了自己的博客,呈现您的最新活动、您的作品及别人对您的评论。对于网络,有些人认为改变了文学的存在状态,有些人认为造成了低俗文学的泛滥,各种观点不一而足。您可否就网络与文学的关系谈谈自己的看法?

赵:网络的出现,不只改变了人们的生活,也改变了文学:它改变了文学格局,分化了作家队伍,还在一定程度上影响了当代文风。尤其是博客的出现,更让文学作者进一步普泛化。我觉得这是好事:有那么多的人上网写作,这在历史上是从来没有过的啊,多么壮观啊!吾道不孤,值得高兴。网络上低俗文学是有些泛滥,但还不至于成灾。我们要相信读者对于美与丑的辨别能力,相信优秀作品的影响力和生命力。

李:您曾说要创作一部关于道教的作品,以完成对于儒、释、道历史的系统梳理,能否透露一下?

赵:《君子梦》里,我对儒家文化在农村的传承流变有所表现;《双手合十》中,对当代汉传佛教文化景观有所反映;下一步,我计划再用几年时间,读书、采访,写一部反映当代道教文化景观的长篇小说。要说"梳理",打死我也不敢这么讲。像我这样的愚钝之人,怎么能做得了那样的大事情。我只是通过几部小说,去揭开传统文化那厚重帷幕的一角,让读者和我一起去认识、去欣赏而已。

李:您对山东文学的现状有何评价,对山东文学的未来发展有何建议?

赵:近几年,山东的文学创作依然十分活跃,佳作迭出。尤其是张炜,更是保持着非凡的创作激情,向国内外展示着孔孟之乡的勃勃文脉。一批年轻作家呢,也显露出过人的才气与锐气,渐渐在全国文坛上形成一个亮点。但我们也要看到,与江苏等省份相比,我们的青年作家队伍还是太小了,在全国文学界的影响力还不是太大。希望年轻作家以20年前的山东青年作家群为榜样,发奋图强,出大作品,发大声音,让文学鲁军的旗帜在21世纪一直飘扬在中国文坛的制高点上。

2008年第4期《当代小说》

小说是温润心灵的一种东西

一

姜广平（江苏青年评论家，以下简称姜）：这次，我想主要就您的四部长篇小说与您进行对话——"农民三部曲"和《双手合十》。

赵德发（以下简称赵）：感谢你对这几部长篇小说的关注。

姜：读您的长篇，我发现可以解决我这么多年来一直在思考着的几个问题。第一个就是关于题材问题。我一直反对以题材论来为作家进行分类，然而，悖论恰恰也在这里，是题材支撑起了作家，不管作家想要表达什么。但怎么表达、依靠什么样的东西来表达，对作家来说，可能是最重要的。

赵：题材支撑起了作家，我同意这话。对作家与作品，不能机械地以题材分类，但在具体的作家、作品那里，题材却是客观存在着的。

甚至，离开了具体的题材考察，就无法对作家、作品进行评判。

姜：我们固然不可唯题材论，但是，题材是小说元素中最为重要的，这是毫无疑义的。这还不仅仅是现实主义文学创作的要求。所有的小说，说穿了都因题材而存在。我认为，这是文学有机本体论的逻辑起点。目前，我正在思考这一叫作"文学有机本体论"的理论。小说因题材而存在，这就是文学主体论的要求。或者说，是文学之所以获得主体的根本原因。

赵：你的思考很有意义。文学，无论是客观反映社会生活，还是主观表达个人的思想感情，都离不开对于某些特定生活领域的表现。这些生活领域，就是所谓的题材吧。

姜：我也正是从这一问题出发，开始建立我自己的文学有机本体论的理论观点的。本体论嘛，当然就是小说本体，小说本体的重要元素当然就是故事，也就是唐朝诗论就开始谈论的"本事"。没有这样的东西，作家再是巧妇，也难为无米之炊。作家的米，我觉得首先是题材，然后才是小说修辞。当然，小说家的最高境界是将题材与小说修辞结合到天衣无缝的程度。当代小说作家中，这两样东西能做到水乳交融的不多。然而，在您这里，特别是在《双手合十》这里，我发现，您破译出了一个可能非常偏狭的题材中的普泛意义。

赵：作家手里的米，在某种意义上说就是本钱。要珍惜，不能挥霍，不能瞎造；有朝一日库存的米不多了，也可以去找新的。《双手合十》就是这么找来的。当然，烧这碗饭可不容易，米不同，烧法也就不同。我要精心构思与这个题材相匹配的结构形式，要学习掌握佛教话语，整整用了三年时间吧。

姜：《双手合十》，我觉得还有个叙事经验的问题。也许，从佛教意义上说，您的叙事经验要深入佛学的精髓地带是有着相当的难度的，但不管怎么说，没有您在写作之前与写作之时对佛学本身的参悟、体验，这样的叙事，就很难成立。所以，从这个角度讲，叙事经验，也必须本体化才能达成个性化，才能达成一个真正的作家对世界的观照。当然，这里还牵涉作家写作前的案头准备工作。可能，当代很多作家，对自己的想象力过于自信了。

赵：对于佛教文化来说，2003年之前我是一棵"无根之草"，确定了这个写作计划后，我大量读书，到处采访，才沐浴"法雨"，在这个领域生长出思想的根须。我观察佛教徒的言行，思考宗教对于人类的意义，习悟佛教与禅宗文化，这才有了《双手合十》。没有长期的案头准备和实地采访，仅凭想象力写这样的小说，那是不可能办到的。

姜：深入下去讲，这里的叙事经验，其实，很多人都可能体察到了，不仅仅是文学的经验，而更应该看成是一种文化经验。我跟王旭烽等几位作家都谈起过，小说的文化追求与文化小说的问题，中国作家大都有着世俗情怀，然而，世俗背后的文化意识则比较淡漠。我觉得这样的作家可能很难走远。

赵：你说得对，具备文化意识，是作家的基本素质之一。这些年来，我想用长篇小说的形式对中国的传统文化予以表现。《天理暨人欲》（人民文学出版社1999年第一版叫《君子梦》）在一定程度上表现了儒家文化在农村的传承流变，《双手合十》表现当代汉传佛教文化，目前正写着的《乾道坤道》则表现当代道教文化。

二

姜：我们还是先说"农民三部曲"吧。非常明显，您是想在这三部书里获得一种对人与土地关系的观察视角与思考的底座。

赵：我出身农村，土地对我来说性命攸关，因而在我创作的第一阶段，就不可避免地要观察土地上发生的事情，思考土地与人的关系。

姜：在阅读中，我曾做过想象。您终于从一种非常黑暗的写作思维区域走了出来，走向了敞亮。您终于以您的方式，来诠释了人与土地的那种特定的扭结的关系。

赵：是的，我观察农村，思考农民问题，发现几千年来一个最重要的关系就是人与土地的关系。土地的分分合合、朝秦暮楚，农民的生生死死，忧喜苦乐，都与土地有关，让人感慨万端。

姜：所以，关于写作的定义可能有很多种，但几乎毫无例外地在所有作家那里都存在着这样的对于写作意义的界定：写作，其实是一种发现，或者说，是一种重新发现。譬如说，就您而言，在人与土地的关系中，您重新发现了土地，更重要的是，您重新发现了人。

赵：是啊，地是死的，人是活的。人与土地的关系再怎么变来变去，主要是人搞出来的。为什么要这么搞或者那么搞，最终还是体现了人的欲求。在这些欲求之中，人性就充分展现出来了。

姜：但如果说发现的原因，或者说是基于什么有了这样的发现，我觉得可能还是您那样长期的乡村体验。我在读《缱绻与决绝》时，读到"一场带着火一样的西南风，很快把麦子烤熟了"这一句时，深深地为这个描写性的细节所打动。没有一种深刻的乡村体验,这样的句子是不会出现在笔下的。像这样的句子,书中俯拾皆是,当代作家,很多人凌空蹈虚,实在说,他可以去做更适合他的其他营生。

赵:是的,长期的乡村体验帮助了我。或者说,我身上承继的农民基因帮助了我。那些经验,那些细节,在写作过程中经常是不请自来。当然,不请自来也不一定都写进去,还有一个精心选择的程序。

姜:类似的还有像"十年读个探花,十年学不精庄稼"、封二老汉临死前传给封大脚的庄稼经,这些,都不是一朝一夕的积累。

赵:这素材来自我的一个本家爷爷。他临终时把儿子叫到床前,传授他一辈子"打庄户"的经验:每一个季节干什么,每一样庄稼怎么种,非常具体而详细。他拼上最后的一点力气,讲了两天两夜,直到断气为止。当然,这是农业合作化之前、我出生之前的事情,我听了之后每次想起都感动不已,1995年就把它写进了《缱绻与决绝》。

姜:人生经验何尝不是如此。真正的作家从40岁开始。所以,我对很多青年作家,一直持怀疑的心态。对"80后"的所谓"新锐"们,也持比较审慎的姿态。我明白,很多人,确实在20多岁写出了所谓的代表作,但吹尽黄沙始见金。现在,人们越来越清楚地发现,那些所谓成名作其文学质地与深度究竟如何了。没有丰厚的生活积累,没有相关的专业储备,想要获得相当的体验与灵感,是不太可能的。

赵:我写《缱绻与决绝》那年恰恰是40岁。我一直说,那是我生命能量大爆发的一年。因为那一年我除了完成第一部长篇,还干了许多别的事情。但我们也要看到,并不是所有的作家都是40岁才开始,譬如张炜,28岁就写出了《古船》,多么令人敬佩。

姜：从"农民三部曲"的第一部开始，我觉得，您似乎便开始着意构建一种史诗性质的作品。三部作品，分别从人与土地、天理与人欲的伦理关系、官本位思想等几个方面，揭示了农民这一数千年来中国土地上的主流群体的命运。在这个过程中，我发现，您对1955年以前的中国社会结构，也做出了深入的探讨。

赵：要把土地上的事情写得比较深入，具有厚重的历史感，光写当代不行，光靠我生命中的直接经验不行。所以，我对没有我赵德发存在的年代也做了许多研究。研究中我恍惚觉得，我的生命不只是从1955年开始，而是在那片土地上已经生活了千百年。好多事情，我觉得就是自己所经历的；对于那些事情，我也懂得如何应对。这还是我身上的农民基因起了作用。

姜：这里有我想问的一个重要的问题，在《缱绻与决绝》中，您为什么在第二卷与第三卷之间，撕下了一个非常大的裂缝：从1955年一下子跳到了1978年。这20多年，您怎么一下子就忽略了呢？是不是当时就已经考虑到会在第二部与第三部中对这20多年进行另一个角度的补充与展开？但是，在《天理暨人欲》里，第一卷与第二卷之间，是从抗战一下子跳到了1950年，第二卷与第三卷之间，则是从人民公社一下子跳到了1994年。《青烟或白雾》也是如此，在上卷与下卷之间，是从"文化大革命"一下子跳到了1996年。这种有意的跳脱，是为什么呢？仅仅是为了展示这片土地上一代又一代的人们的努力与抗争？

赵：在构思《缱绻与决绝》的时候，我一直为结构问题而苦恼，因为小说时间跨度达60年之久，如果按年代平均使用笔墨的话，那会显得很拖沓。后来我就采用了一个"截取法":选几个土地关系变动剧烈的时代来写。第一卷,是20世纪20年代,是千百年来一直存在着的土地自由流转的形态;第二卷,土地改革与合作化;第三卷,土地重新回到农民手中的"大包干"时期;第四卷,商业时代的"圈地运动"。《天理暨人欲》,也是出于这样的考虑。第一卷,写儒家文化浸染下的农村道德文化形态;第二卷,写"文化大革命"和"斗私批修"中的人性;第三卷,写20世纪末的道德状况。《青烟或白雾》,上、下两卷,写吕中贞母子两代人与政治的关系。我觉得,这样写起来,情节集中,创作意图也能得到较好的体现。

姜:回到史诗性上来,我觉得您在细节上面的关照,也是非常全面的,甚至改革开放过程中,一度关于农业户口转为非农业户口的问题,也都被您写进了书里。这个细节,可能在以后的历史叙事中,再也不会有人关注,这一细节的疼痛,也不会为更多的人所能感知。然而,您写出来了。所以,从这个角度上说,您确实是一个令人敬佩的小说家,您对农民的关心,抵达了常人难以企及的深度。这里关于农民对自身命运的挣脱与超越,远不是"怒其不争、哀其不幸"所能涵括的。思想家们虑及深远,却未必能体察秋毫之末的心灵律动;文学评论家们对结构、文学意识、多元语境关注得较多,却未必能了解作家安排这些情节的目的。

赵:我在写作"农民三部曲"时有一个"野心":为20世纪的中国北方农民立此存照,全面表现他们的苦难与欢欣,他们的追求与失落。所以,凡是与农民命运相关联的重大事项,都进入了我的小说。户口问题,今天的年轻人可能不太了解了,我为了得到城镇户口,苦苦奋斗了八年,然后又为了老婆孩子的户口继续奋斗,其中的辛酸一言难尽。

姜:"立此存照"说得多好啊!我当时也身处乡村,对户口转移的事,了解得相当清楚。这是一种农民对摆脱自身命运的挣扎!当然,更为深刻的关注还是在于人。绣绣与宁可玉的身上,有着一种与生俱来的高贵。然而,这两个人物生命中的那种美好,都因土地关系的变更而被毁灭了。这让我想起了我们上一代作家,像周立波、赵树理、柳青他们,乃至像山东作家冯德英等,似乎都忽略了这一种美好。前段时间我与刘醒龙对话,也谈到这个问题。其实,为富者未必不仁,贫穷者也未必善良。与绣绣和宁可玉相对的,至少有腻味可以作为参照。

赵:写小说首先要把人物写好。在绣绣这个女人身上,寄托了我对美好人性的向往。你看她,命运大起大落,但心地始终纯净如水,并包容一切。在这部作品的研讨会上,雷达老师说,他看到绣绣为了阻止弟弟率还乡团活埋"土改"积极分子的残暴行为,跳到坑里让弟弟埋她,感动得直想掉泪。宁可玉这个人虽然性格偏狭,不像绣绣那样宽容,但他也有善良的一面。他宁可剁掉自己的生殖器,忍辱含垢,也不让强奸仇人女儿的计划付诸实施。这个人物是有原型的,他的家在临沂城郊。

姜:可能,这样的问题在《天理暨人欲》里解决了。虽然,这部书是从伦理与道德层面上解决的。但是,善良与丑恶、道德与欲望、君子与小人,恰恰是从一个特定的角度解释了政治情境中的人的问题。这为第三部写人作为一种政治动物做了很好的缓冲。然而,我则看到,第二部中的两两对立,其实,倒都是可以作为对同一个人的隐喻:每一个人的精神世界里,都必然有着二元的二律背反式的对立。否则,单向度的人,也是极为可怕的,特别是以善与美作为一种道德追求的单向度,有时候,则更可怕。这部书里的许正芝与许景行,一以自残的方式,一以纯粹的善的方式,都走到了极端,都让人觉得一种恐怖与可怕。

赵:《天理暨人欲》中的人物设计,是有两两对立这个现象,有单向度人物的存在。这也许有简单化的问题。然而许正芝和许景行的极端,主要是特定的时代以及当时的文化造成的。他们的这种极端表现,可能有让人觉得可怕的一面,但也有其悲壮的一面,可敬的一面。

姜:所以,我又在想,这部书,除了从伦理角度解释政治以外,您是不是还旨在引导人们思考中国社会的政治结构?抑或想要人们思考:中国传统的社会结构是如何形成的?形成这种社会结构又是依靠什么力量来维护的?又是谁打破了这样的社会结构?为什么要打破?

在这里,我发现,您摒弃了阶级论这一特定历史语境中的社会学理论。可是,这样一来,您可能动摇了几十年来所建立起来的最为强大的也最为基础的社会发展史观。律条村,还是律条村。可是抽去了政治的内涵后,荒谬与疏离感产生了。至少在当代年龄在40岁以上的人,内心便会产生一种无边的空虚与疼痛。

赵:千百年来,中国一直是宗法社会,以家庭为基础的血缘关系延展开来,就形成了农村最基本的社会结构。家庭,家族,加上密如蛛网的亲戚关系,这是每一个农民一生下来就置身其中的人海。这里既有骨肉相亲,也有弱肉强食,但人们对后者往往采用道德评判,说这人有没有良心,是好是坏。阶级意识,则是在半个世纪以前被强行灌输的。这样一来,阶级存在决定阶级意识,一个人或好或坏,似乎取决于他所

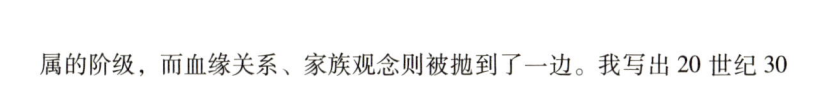

属的阶级，而血缘关系、家族观念则被抛到了一边。我写出 20 世纪 30 年代的律条村，就是要还原那时的"原生态"。

姜：当然，意义也在这里。所以，我也时常觉得，我们的文学，一直未能在这里做出努力。"文化大革命"结束后的伤痕小说，显得薄了；其后的寻根文学、官场小说、历史小说，都未能从这个角度深入到历史最敏感的神经元上。您则提醒了人们在这里停留。

也因此，我觉得，"农民三部曲"里，至少，《天理暨人欲》还有许多深刻的社会学内涵，我们的评论家还没有能勘探到。文学评论家们，仅仅舶来一些文学理论，是没法解读一个真正的作家的。当代评论家那里，我发现贺绍俊以伦理现实主义来解读这本书，确实，具有相当的深度与力度。然而，伦理现实主义的内核以及外围的东西究竟是什么，还得再做深入的探讨。

所以，无论是从一个写作者还是从一个评论者的角度，我都必须向您致以崇高的敬意，您提供的这一文本，将会在很长时间里，引发我们对中国社会形态的思考。过去，我们在这方面做的确实是非常不够的。一些作家，吟风弄月、小资缠绵、都市滥情，写得实在太多，但是，在不知不觉间，却制造了一份庞大的"垃圾"。

对了，问一个细节性的问题。雹子树实有其树吗？还是为了应合小说的情节，也"想当然"出这样一种树？有人认为雹子树是一种恶的象征，我觉得不能这样说，它与雹子之间神奇的关联，可以作为我们破译《天理暨人欲》的密钥。没有雹子树，怎么能见出自然的神奇与社会的风云变幻？雹子树作为一种阴性的象征，它有其生命勃发的方式。可能，在您的书中，恕我直言，很多读者与评论家，都十分关注书中阳性的层面,而没有关注到这些阴性或深埋在文本背后的东西。我曾经想过,是什么维系着我们这个社会向前发展,当然是人。人以什么推动社会向前发展呢?您在书中给出了很明确的回答。然而,问题是,人的生命力在推动社会向前发展时,同样是一种不可或缺的源动力。所以,如果以阴阳理论来说,雹子树可能正是阴阳扭结的一种象征。我不认为雹子树是一种邪恶的象征。它与用来测量人心的莠草,应该是有本质的不同的。当然,这一切,还是得由您来给出解答。读者,都可能是误读;作家本身的用意何在,只有作家自己最清楚了。

赵:雹子树的意象是在我构思这部长篇小说时偶尔得到的。关于这部作品将要表现的道德问题,我做了许多思考,然而,理论不宜赤裸裸地出现在小说中,我必须寻找能够承载它们的意象。那一天我乱翻书,突然在山东某地编辑的文史资料中发现了一篇短文《奇异的雹子树》,文后还附了一张照片。文章介绍:这棵树在平常气候下不发芽,当一场冰雹袭来后,它很快青枝绿叶,秋天则是一树红叶,漂亮得很。如果一年不下冰雹,它就一年不发芽,两年不下,它就两年不发,就那么一直干枯着等待冰雹。我看后十分惊奇,心想:人类进入文明社会后,一直想除恶扬善,但恶似乎永远也除不尽。这是为什么?是不是在宇宙的诸多法则中,还有肯定恶的存在这一条?你看这雹子树即是一例:为什么它偏偏喜欢恶?为什么在恶袭来时它反而焕发生机?它的形象是否暗含了一些思想家提出的"恶也是推动历史前进的动力"这一论断……当然,小说中的意象不只是暗含理论,同时也应该营造诗意:一场场凛厉的冰雹,一树树招摇的绿叶,这景象不是很动人吗?所以说,我赋予雹子树的任务是双重的。当然,你也可以理解为阴阳扭结。

第二辑 小说是温润心灵的一种东西

鼋子树在小说里有一些虚构的成分,譬如说,它的叶子并没有壮阳功能。但这种树在自然界是有的。这部书出来后,家乡的人问我,是不是写沭河边上的那棵?我去实地察看,在我们赵家祖茔所在的村外,果真有这么一棵树。后来看资料,辽宁也有。

姜:与鼋子树这一细节相对应,我觉得您在"农民三部曲"中设计的很多细节描写,都极有可能成为经典的文学叙事方式,如封大脚的大脚、许正芝在脸上烙疤、吕中贞的牙疼、绣绣被土匪绑架、许景行以莠草测量人心等。一个作家,如果具备了这样的资源,应该是对现实主义做出了杰出的贡献。

赵:最后一句话我不敢当,但我明白,小说是应该有一些让人过目不忘的细节的,它好比饰品工艺上的"镶钻"。这需要精心安排,刻意经营。

姜:关于《青烟或白雾》中的吕中贞所折射的,还有形而上的人作为一种被动的动物的主题。虽然这本书,您着意于表达人其实是一种政治动物的主题,但吕中贞被一个时代所裹挟的意义,还是非常清晰的。在您的作品中,大的政治背景,与个人的命运的相互榫接,是非常巧妙的,大传统与小传统,社会大格局中的人生小格局,农民社会与文化,始终处于一种边缘的与非主流的状态,在您这里得到了充分的展示。

赵:20世纪六七十年代有好多的例子:一些普普通通的农民,朴实无华的农民,受政治风暴的裹挟而大起大落。这是农民的悲哀,也是中国的悲哀。这种无序的政治游戏,再也不能玩下去了。吕中贞作为女性进入政治漩涡,还多了一层性别政治在里面,因而她的悲剧情节就显

得更加复杂化。

姜：而吕中贞的儿子白吕，则多少在"主动"上让人看到了新时代的政治与民主的光芒。但付出的代价，则是很大的。这里不但是他失去了池小娇的爱情，更重要的是，"大地艺术"遭到破坏，实在是令人扼腕的。我在读到"大地艺术"将要形成最后的格局时，内心涌动起来的，是歌德在《浮士德》末尾部分所写的那种美好情景。可能，您想要表现的，也确实就是那种可以令人泪流满面的乌托邦之美。可惜，这里仍然有中国式的摩菲斯特。

赵：我写了这么三部长篇，表现农村的方方面面，到第三部快结束的时候，来了一次升华：让白吕从事"大地艺术"，在面积广大的土地上种出一幅世界名画——《播种者》。这是白吕的理想，也是我的理想——我们多么向往如此诗意盎然、生机勃勃的土地啊！可惜，这幅画还是让强权给破坏了。

姜：所以，"农民三部曲"如果从时代发展的脉络上去梳理的话，我们发现，您可能还有一种将人在不同时代的特点进一步明晰化的写作企图：譬如，在漫长的历史长河中，人其实只是一种未完成的动物，20世纪90年代以前，是一种政治动物，在多元化语境中，则是一种政治动物和经济动物复合体。

说到底，仍然是在未完成性上下功夫。这一点，倒是可以看成是您的写作理想了，是对人的纯粹性的呼唤。

这样一来，《双手合十》中的慧昱，显然就超越了封大脚、许正芝、许景行、方翰林这些不时带着某种极端意识的人，而成为与白吕一样的、具有理想主义且能够为这种理想主义的实现付出代价与牺牲的新人。白吕最后参加选举的行动，慧昱所参悟出的平常禅，都意味着他们在对人性的高度认识的同时，也是对社会与历史做出了一种天人合一般的和谐的回应。这也使他们成为既不同于休宁那种"自了汉"式的修炼，又完成了自己纯粹的人性的打造。

赵：你说人是一种未完成的动物，这话非常精辟。正因为这个"未完成"，人类中的优秀者一直在孜孜以求，不懈地努力。白吕对民主政治的向往与实践，慧昱对禅的修习与体悟，都体现了这种努力。当然，慧昱的修行还要高出一个层面，他要实现对动物性的超越，也就是用佛性取代人性。

姜：但我隐隐觉得，休宁并不是那种"自了汉"，他以自己的修炼，抵达了可以自砺且砺人的境界。

赵："自了汉"，在大乘佛法那里是受批评的，然而小乘佛法就是让人自了，追求自我的解脱。其实，能够自了也不容易。如果人人都能自了，这个世界不就成为"佛界"了嘛。像休宁这样的老修行，还是很难得的，是令人起敬的。

三

姜：您的现实主义的写作，仍然是表达一种对人性的理想主义的追求。《双手合十》因而也不再是方外之事，仍在三界之内五行之中。

赵："跳出三界外，不在五行中"，这只是一种理想。宗教，说到底它是一种人类社会现象，与社会与时代息息相关。真正的出世，是很难做到的。佛教界人士也这样讲：以出世情怀做入世事业。然而，有一部分僧人入世是入世了，出世情怀却荡然无存。这就是今天的佛教界的现实。当然，清醒而坚定的僧人也是有的，我在采访中就接触了一些，在小说中写了一批，像慧昱、休宁、明若、水月等。

姜：这就让我想到您为了写作《双手合十》所做出的努力，您以红尘之躯走了进去，却一直回望着红尘，笔触一直未离开红尘半步。

赵：是啊，写小说的赵德发就是拖着一具臭皮囊的凡夫嘛。再者，佛陀说过："佛法在世间，不离世间觉。"离开红尘写空门，那也显示不出空门之特别。

姜：佛教文化是相当深邃的。参话头、平常禅，显然是这本书中最为亮丽的地方。在明若与韩国老和尚笔谈的话头中，如若不具有相当的慧根，也还是无法深究佛学的深邃与迷人。

赵：佛教文化博大精深，其中的禅宗文化更是玄妙费解，我通过几年的学习，仅仅是领略了一些皮毛。好在我在写作中尚能融会那么一点点，像明若大和尚在韩国与禅僧笔谈这一段，我写作时脑子里灵光闪现，机锋迭出，大概是禅宗祖师们在冥冥之中加持于我吧，哈哈。

姜：我在阅读"农民三部曲"时，一直在想一个问题：您为什么要写这样的书？固然，内心深处的农民情结起着重要的作用，但是否也还有着一种为中国当代农村的政治、风情、爱恨情仇，进行重新梳理的念头？

赵：最初，我并没有写"农民三部曲"的计划，只打算写农民与土地。写完第一部，发现我的农村积累远远没有用完，我对农村的思考与表现还可以继续进行下去，于是，就决定再写两部，表现农民与道德、农民与政治这两个方面。在写第一部之前，我读了好多中国、外国的农村题材的名著,尤其对中国当代一些作品做了仔细研读,一方面,我被它们写人记事的鲜活生动而深深折服;一方面,又为它们偏离历史本质的倾向感到惋惜。所以,我为我的长篇小说确定了指导思想:为历史负责,忠实记录中国农村发展进程。

姜:您似乎与绝大多数作家不一样,您非常坚定地在"乡村"一头扎了进去。然而,看得出,您对土地与人的关系的思考,对中国农民命运的探究,已经在当代中国作家中走在头里了。这么多年的文学潮流,您似乎处于潮流之外,没有受时潮影响。这是相当可贵的。

赵:我不敢说走在头里,只能说,我用我的作品参与了对中国农村历史的重新思考与梳理。

姜:此外,您有没有考虑精致的艺术要求?在构建长篇小说时,可能,因为纵向截面的影响,一些人物势必会失之粗疏。譬如在《缱绻与决绝》中,羊丫的命运书写,其实就可以写成一本书,然而,在这里,主题与速度,决定了羊丫在后来的情节中的淡化。至于"天牛经济开发区"一段,也似乎有点仓促。

赵:你指出的这个问题是存在的。我写《缱绻与决绝》的时候,积攒了多年的创作激情突然迸发,可谓一泻千里泥沙俱下。的确,这书有些地方不够精致,尤其是到了后半部分。

姜:您的几本书,我觉得还有另外一个问题,就是人物及人物关系的设置。您可能不太在意这一点,或者说,对主要人物您做出了精心的安排,但对次重点人物与非重点人物,您在写作中,就显得有点随意。特别是有时候到了结尾部分,仍然还可能会有一个新的人物出场。

赵:是的,对于那些主要人物,我是煞费苦心,但对次要人物,

往往是用心不够。

姜：我觉得这样的人物安排以及相应的情节设置，影响了您的小说品质。至少在精致上，做得不充分。现在的很多长篇小说，都存在着一种"后半部问题"，有的仓促收官，有的后半部出现疲软。您的小说在后半部分有一种意犹未尽的味儿，也就是，还可以将那口气保持到底。我对《天理暨人欲》非常看好的一个原因是，至少在雹子树这个问题上，您保持了首尾结构上的好看。

赵：写完第一部，我已经意识到了这个问题，所以在后来的几部中就尽力避免。

姜：这让我想起吴义勤曾经说过的长篇小说的长度与速度的问题。可能，在很多作家那里，速度问题都没有解决好。每一部长篇写到最后，都极有可能是一种体力劳动了。

赵：吴义勤对长篇小说创作中存在的问题分析得非常到位。长度与速度，是作家智力、精力、体力、耐力的试金石。对于这种考验，我深有体会。

姜：当然，深层次的原因，王万森和周志雄认为是您的"农民情结和现代意识构成情与理的冲突，造成叙事文本话语结构的失衡和潜在的悖论式困境"。对这样的观点，我明白，作家们都不太会在意。毕竟在写作的时候，没有哪个作家会在这方面给予一种设置。这可能就是吴义勤说到的难度的问题。中国作家在难度问题上，仍然有待重大突破。

赵：也许存在他们二位指出的这种情况，但我自己在写作过程中可能意识不到。

姜：您考虑过您与前代那些真正的农民作家的区别吗？譬如，像赵树理、浩然他们。

赵：他们都是当代的杰出作家，拥有大量读者和广泛影响，我不敢和他们比。如果说有区别，那最大的区别就是历史观不一样。

姜：还有，您有没有比较过自己与路遥？您觉得您与他有什么样的不同？当然，我们有我们的判断，然而，我觉得这样的问题，还是您自己来回答可能更好。

赵：我是1991年读到《平凡的世界》的，当时自己就想：这样的作品，我也能写出来。现在看来，我是太狂妄了。路遥之所以感动了无数的读者，主要的原因是他真切地表现了苦难中的人生。当然，他的观念和手法都有陈旧的问题。

姜：说到这里，我想问一问，在您的文学之路上，真正影响了您的作家是哪些人？

赵：有好多。写《缱绻与决绝》的时候，张炜的《古船》、陈忠实的《白鹿原》都给了我很大启发。

姜：再有一些相对固定的问题，我们也来谈一谈。您是如何走上文学之路的？当初您舍弃官场走向文学的深层原因是什么？

赵：我上学很少，初中上了四个月就辍学了，后来当民办教师，再后来又考上了公办教师。24岁那年的一个秋夜里，我看一本《山东文艺》（现已改名《山东文学》），上面有几个业余作家的创作谈，讲他们怎样走上文学之路。当时我想：他们能走这条路，我难道不能？就是这么一个念头，决定了我的一生，从此我就认为，我生在这个世界上就是为了文学。所以，无论工作如何变动，在我眼里都是临时的。我30岁担任县委组织部副部长，在仕途上一帆风顺的时候，心里还是这么想。干到33岁，正好山东大学招收作家班，我义无反顾地学习创作去了。当时好多人都说我"潮了"，就是傻了、疯了的意思。

姜：您对自己成为一个什么样的作家有没有做过预设？

赵：没有。虽然去了山东大学，其实心里一点底儿也没有，因为我的基础太差。没有别的办法，只好拼命读书，好好练笔。一年之后，我写出了短篇小说《通腿儿》，才算登堂入室了吧。这之后，主要从事农村题材写作，从中、短篇到长篇。这几年，又转向了宗教题材。我到底算个什么样的作家，由别人评说吧。

姜：非常遗憾的是，这次未能就您的中、短篇来做一点交流。《通腿儿》不但是您的短篇中的精品，也是当代短篇中少见的佳作。

赵：这个短篇，至今被许多读者记得，也陆续被收入多种选本，这让我感动。但它对我来说，最重要的意义就是，在我急需一件像样的作品支撑创作自信心的时候，它来到了我的笔下。

姜：突然发现，您是一个与所有作家都不相同的作家，您完全反过来了，您先写腿子（《通腿儿》），到后来，才写到了手（《双手合十》），有点儿禅味了。有一种距离是从嘴到手，有一种距离是从脚到手。呵呵。

赵：是吗？有点意思。但无论从哪里到哪里，都是一些外在的姿态。内在的是什么？是心灵。无论《通腿儿》还是《双手合十》，表现的都是人的心性。说到底，小说是温润心灵的一种东西，我愿以毕生之力好好琢磨它，打造它。

2009年第6期《莽原》

从生存的大地到信仰的天空

一

周景雷（渤海大学副校长、评论家，以下简称周）：非常感谢赵老师接受访谈，我们先从您成为作家的经历谈起。我曾看到过这样一篇文章，大概的内容是"听赵德发谈人生追求"，文章刊登在《黄海晨报》上。文中说，您人生的第一个理想是去县城里当一名高中学生，没能实现；第二个理想是当一名音乐教师，也没能实现；从事写作是您的第三个人生目标，是在前两个人生目标未能实现的情况下的选择。这让我想起了中国现代文学史上两位作家的经历——茅盾和瞿秋白。茅盾曾立志要从事政治革命，却没有办法，为了生存，当了作家；而瞿秋白觉得自己最适合做一名作家，却因"历史的误会"当了政治家。我觉得这里蕴含了一个很有意思的问题，也就是我们的写作状态和姿态到底是怎么形成的。换句话说，一个作家之所以成为作家，他的发生机制是什么？这里有什么逻辑吗？

赵德发（以下简称赵）：我认为，一个作家的发生机制很玄妙，并不都是种瓜得瓜、种豆得豆，而是没有什么逻辑可言。一个人起初的理想与职业，可能与写作风马牛不相及。后来他成为作家，其中有主观、客观的诸多因素，也可能还有宿命的成分。我的第一个理想是去县一中读高中，却因为家庭困难，刚在邻村读了四个月初中就主动辍学，没能实现。我15岁当上民办教师，18岁时去县师范学习半年，得知临沂师范音乐班年年招生，就想投身音乐艺术，同时也获得国家工作人员的身份。然而我天赋不够，两次考试均告失败。当我23岁考上公办教师后，打算终生从事教育，第二年的一个秋夜，因为看一本文学杂志，却又突然萌生了当作家的念头。这个念头从此盘踞于我的脑际，其他什么都是浮云，以至于我25岁被调到公社，27岁被调到县委，30岁担任了组织部副部长，这个念头也从未动摇。我父亲对我的这个理想很不理解，说是"神鬼拨乱"。这个"拨乱"，不是拨乱反正的意思，是指搞乱了我的人生。现在回头想想，我也觉得不可思议。因为我当时没读多少书，在萌生这个念头的时候连什么是小说、什么是散文都分不清，不是"神鬼拨乱"，又是什么？但我感恩于那些拨乱我既定生命轨道的"神鬼"，是他们让我的人生更有意思，更有意义。

周：这个"神鬼"没准就是生养我们的土地，这一直就是您最为关注、最为投入、最能搅动您的内心的存在。几千年来，我们已经与土地血脉一体，不可分离。但随着社会的发展，中国人与土地的关系已经开始松动，束缚人的已经不再是土地，而是土地之外的东西。土地虽然能够生养万物，但在很多人看来，这种生长是笨重的，已经不足以供养人们日益增长的欲望和需求。这样的变化，除了带来农民对自身与土地之间关系的重新审视外，更带来了作家对这一变化的重新认识。有的作家开始放弃，有的还在坚守。赵老师您自己就是坚守者之一。那么，您怎样看待这种坚守？您认为这种坚守的意义在哪里？换句话说，对于一个作家而言，他通过他的创作要表达的是对这个社会进程的抵抗还是跟进？抑或是其他？

赵："土生万物由来远，地载群伦自古尊。"这副对联阐明了几千年来中国人对土地的认知与态度。伴随着工业化和城镇化的步伐，地球上的农民先后进入"终结阶段"。在中国来得晚一些，但中国农民的"终结阶段"却是迅疾而凶猛。短短的 30 来年，城乡格局面目全非，农民的观念天翻地覆。进入 21 世纪，传统意义上的农民越来越少，在一些地方甚至不复存在。面对这种大变局，作家何为？文学何为？放弃有放弃的理由，坚守有坚守的意义。这种坚守，并不意味着抵抗。一个作家，一介书生，有什么能耐改变甚至扭转历史过程？我要做的，只能是记录这些变化，展示人们的心路历程，为那些逝去的美好东西唱唱挽歌，对已经到来和即将到来的新生事物表达自己的感受与理解。2011 年，我发表了一个短篇小说《路遥何日还乡》，写创作谈时我这样讲："时代潮流，浩浩汤汤，既摧枯拉朽，又埋金沉银。逝者如斯，乡关何处？我们一边深情回望，一边随波逐流。这是我们的尴尬，也是我们的宿命。"这里讲的"随波逐流"，可能有些消极，但并不意味着与某些时尚同流合污，是指作家与时俱进，"进"中观"时"，作家能在"随波逐流"中发出自己的声音，也就体现出文学的功能了。

周：这是一种很严肃的文学姿态，也是对文学功能的守护。在过去一段时期中,我经常听到一些作家声称自己在"玩文学",这种"玩文学"的姿态应该与此是完全不同的。

赵:"玩文学",文学界早有这样的说法与实践。有一些文坛高手,声称自己"玩文学",他们的的确确"玩"出了名堂,"玩"出了雅趣,甚至"玩"出了名作。然而,像我这样的庸才,如果也去"玩",那就是对文学的不尊重,只能是玩低了品位,玩完了自己。同时我们也要看到,文学的神圣感,在这个时代越来越差,加上网络文学降低门槛,"玩文学"会成为更为普遍的做法。但我还是相信"大浪淘沙"的规则,在文学的长河中,最终留下的还是金子,尘埃终究是要化作泥流消逝的。

周:另外,我也阅读过一些作家的创作谈。有的人认为文学创作是日常生活在内心积累到一定程度之后的自然而然的流露。但您曾经说过,创作"农民三部曲"是您的一个"野心"。我非常能够理解这句话,而且也非常认可这句话。我是一个文学担当主义者,在自己的文学认识中也始终强调这种担当意识。所以我觉得您所说的"野心"就是这样的意识。我想知道的是,这种以担当为内容的"野心"是在什么时候形成的?您是怎么看待这种"野心"的?

赵:文学创作是日常生活在内心积累到一定程度之后的自然而然的流露。我对这个说法不只是认同,并且深有体会。我在土地上长大,对农村生活感受深刻,写作之初就是致力于乡土题材,发表了一批中、短篇小说。但我觉得,那都是小打小闹,这么写下去,不可能将我对农村与农民的思考很好地呈现出来,我必须写长篇,而且要写农村题材的顶级作品!这就是不折不扣的"野心"了。这是1993年的事情,是我写作上的第一个"战略规划"。既然是"战略",那就要扎扎实实地准备。我大量阅读,深入思考,精心构思。我给自己定的写作方针是:为历史负责,不为哪个阶级负责。于是就写出了《缱绻与决绝》《君子梦》和《青烟或白雾》。当然,这三部作品还是写得不够好,这是我的功力问题。但要知道,我如果没有那股"野心","农民三部曲"不可能问世。在我30多年的写作生涯中,有几次大的"野心"出现,写"农民三部曲"是一次,写《双手合十》是一次。最近我又有了野心,不知能否实现,哈哈。

周:有这份自信和积累,有这种对文学的尊重和雄心,我相信能够实现,并预祝赵老师早日实现"第三个野心"。历史、现实和经历赋予了你们这代作家不一样的经历和经验,这也是你们的财富。最近几年,我比较关注中国作家的代际差异问题。现在正驰骋在文坛上的作家大约分别出生在20世纪50年代、60年代、70年代和80年代,现在90年代出生的作家也开始崭露头角。不过我个人的兴奋点可能更多地靠近50、60、70这三个年代。我觉得这三个年代出生的作家的代际风格都非常明显。我说的这种代际风格不是指技术层面的,而是指认识层面或者思想层面的,比如对历史的认识、对现实的姿态以及对其他一些文学关系的处理等。赵老师是否注意到了这些情况?如果注意到了,怎么认识这个问题?您认为代际风格的形成与哪些因素有关?

赵:中国作家的代际差异问题的确存在。有人把50、60、70年代出生的这三个群体分别论述,找出差异,而你把视野放得更为广阔,是将这三个群体与80、90年代出生的两个群体相比较。这样一比较,果然会看出更大的差异。这里用得着一句老话:社会存在决定社会意识。

应该看到，前三个群体，出生在那样一个特殊的年代，有的还在那个时代长大成人，他们的思想意识肯定要打上时代的烙印。譬如说，因为他们经历了中国的巨变，习惯于对历史做出思考与评判。而且，"走进新时代"之后，遇到许多事情、种种思潮，都会拿过去接受的一些理念与之比较、权衡，采取的姿态也与年轻一代大不一样。对于文学关系的处理，前面三个群体还是自觉或不自觉地沿袭过去的做法。他们的写作一般都是从给刊物投稿开始，等在刊物上造出影响，再写长篇的东西，再与出版社发生联系。而中国的文学刊物，多是原来体制的产物，多是各级作家协会创办，在刊物上发表作品，自然会引起文学主流力量的注意和认可。依靠体制，靠拢体制，往往是这些作家的做法，成为他们的进身阶梯。当然，也有一些作家不是这样，他们一开始就不与文学报刊系统发生联系，与体制保持着距离，甚至主动疏远。但是到了"80后""90后"这一代，尽管他们中有一些人是由《萌芽》这样的刊物扶持而起，但很快便斩断与体制的联系，直接进入商业写作，作品直接给出版社，而且建立起自己的粉丝读者群，几乎不与主流文学圈发生交集。他们不再像前辈那样重视体制，有些人对作家协会主动发出的入会邀请懒得理会。前几年，有的学者论述中国30年来发生的重大变化，认为最重大的变化就是"一代新人在成长"。这一代人，生下来一睁眼，就看到了一个全新的时代。他们在成长过程中，吃的、穿的、用的、玩的、读的、看的，都是全球化带来的东西，你说他们能跟前辈们一样吗？这一代新人，在文学界中，就成为一个独特的存在，包括思想、题材、文风，都大不一样。当然，随着他们年龄的增长，他们的"三观"，他们的写作姿态，也会发生变化。"一代新人在成长"，相信他们会继续成长的。

二

周：读过您的一篇文章，叫作《"农民三部曲"写作始末》，收入《写书记》一书。文中，您梳理了自己创作"农民三部曲"的历程，我觉得我对您的创作又有了进一步的了解。它印证了我在此前的一个判断，就是从写作的角度而言，您在写第一部《缱绻与决绝》的时候，整个写作还是不自由的，有很多非文学性的考量在其中，有一些东西您很在意。但是到了后两卷就变得十分自如，自信的成分相当明显。这是一个从自发到自觉的过程，作家们的创作基本如此，任何人也没有必要回避，特别是对将文学创作当作终身职业的人来说更是如此。一方面，作家的创作和生活要对得起作家这个称谓，另一方面又要对得起这个职业，称谓和职业是要对等的。您如何看待这个问题？

赵：景雷先生的目光很犀利，一眼就看穿了我写作中的一些问题。我说过，写《缱绻与决绝》是我的一个"野心"。这个"野心"有非文学性的成分，偏向社会学的，打算记录百年来中国农民与土地的关系史，表现传统农民与现代农民对土地的不同态度。所以我写的时候很用力，涉及这个主题的方方面面，历史的桩桩件件，几乎都要写到。几代人写下来，前面的封大脚、绣绣那一代，写得比较成功，而到了第四卷，为了表现新的时代与新的土地关系，人物众多，给读者留下深刻印象的可能寥寥无几。这是个教训。到了后两部书就好一些了。尤其是《青烟或白雾》，在艺术上就更加圆融，尽管这部书没有得到更多读者的重视，但我自己还是比较满意的。你说得很对，作家的写作，往往有一个从自发到自觉的过程。要通过不断修炼，努力提高自己的境界与手艺，让自己对得起作家这个称谓，对得起广大读者。

周：我很认同您的说法，而且您的创作也确实是这样呈现的。我觉得在后来的作品中，您比较好地处理了创作过程中的"重与轻"的问题。所谓"重"，就是题材之重；所谓"轻"，就是驾轻就熟。这是十分难得的。

与写作相关，从您的创作经历上看，最开始您并不是一位专业作家，后来为了创作上的方便，要求去做专业作家。成为专业作家，就是要把写作作为自己的职业。不知您是否想过，写作一旦成为一种职业，除了能有更多时间专事写作外，是不是还带来了很多其他的问题？最近这些年我总在想一个问题，职业是一个生存的平台或者载体，把写作作为职业的人首先会把生存作为第一考量，这种考量就是如何通过写作获得更多的物质回报，这就必须得考虑市场、考虑创作的被消费量，这样会不会就在写作中忽略了非市场的因素？比如艺术性、思想性等。当然，我这是就一般意义而言，不是所有的个体都是如此。

赵：以前我不是专业作家，但成为专业作家一直是我很向往的事情。我在日照文联担任唯一的驻会副主席，到了第八个年头，想想自己年近五旬，再这么下去，我的追求难以实现，生命价值难以体现，于是就向市委打报告，要求专事写作。领导理解我的想法，就让我不再坐班，对此我非常感激。这是我生命中的重大转折之一，它可以让我时间充裕，心无旁骛。然而，我的职业化写作，不是你说的那种。我还是在职人员，由体制供养，不用考虑生存问题。我要考虑的，就是如何把作品写好。当然，我也是个俗人，我也在乎作品的"被消费量"。但是，我还是能够坚持走纯文学的道路，至于作品是否占有更大市场，是否有更多回报，我的态度是随缘任运。

至于体制之外的职业化写作，我也了解一些情况。现在有不少人整天码字，"卖文为生"，他们为了生存，面对市场是必然的。有的人为了保证每天更新网络作品，累坏身体甚至失去生命，这让人十分痛心。当然，也有一些"大神"，因为写作成了富豪，与他们相比，一些固守传统的作家成了"穷人"。这种体制之外的职业化写作，今后将长期存在，而且直接影响到文坛格局。我也注意到，有一些职业写作者在面对市场的同时，也注意追求作品的思想性、艺术性，获得了艺术与市场的双重承认，赢得了读者的喜爱与尊敬。他们的写作，值得我们借鉴。

周：看来，赵老师身为写作中人，比我要了解得更清楚。其实，即使有体制供养，也有一个市场问题，但赵老师对此看得很淡，无疑是对创作大有裨益的。我知道，赵老师早年成长过程中，接受的正规教育不是很多。在创作上能有今天的成就，除了天赋、后来的努力外，我想更多的可能得力于两个方面：一是地域文化的无形浸染；二是大量的学习与阅读。但实事求是地说，在地域文化的表现形式上，您并没有格外地注意，我说的是形式，而不是指像儒家文化等这些内容，内容上的东西您已经通过您的创作表现出来了。我想知道您是否也是这样认为的？您家乡的民间文化形式对您有哪些影响？

赵：地域文化的无形浸染，对于一个作家的养成是很重要的。我小时候到哪里接受儒家文化呀，直到1974年全国上下"批林批孔"，我才从反面了解到"孔老二"讲过一些什么样的话。然而，我家乡的地域文化确实影响了我的写作。譬如说,土地崇拜就是一条。我们村过去有一个很像样子的土地庙,用赭红石块砌成,里面端坐着土地爷和他的两个老婆,周围柏木森森。在我童年时的心目中,土地爷是一方神圣,要十分敬重。这个庙,在"文化大革命"初期被拆除,11岁的我在现场观看,身心都在暗暗颤抖,因为这个事件太重大了。拆到后来,地基里钻出几条青蛇,让红卫兵一一铲死,那更是我至今时常记起的惨烈场面。改革开放之后,村里有人重建了土地庙,尽管简陋,不如以前的庄严,却还是我们村的一个文化存在。农民的土地崇拜,我在《缱绻与决绝》中有大量描写。再举例说,过去的农民,宗族意识非常严重,长幼尊卑,等级森严。族老很有权威,处理问题一言九鼎。我辈分低,见了长辈,哪怕他比我还小,也要恭恭敬敬。这个在家族中的身份,甚至都影响了我的性格,使我变得拘谨而谦卑。宗法这一套,又和儒家文化那一套对接、结合,尽管我小时候不知道"儒"为何物,可是,"圣人"却是被长辈们敬仰着的。譬如,说到某个村子村风差,不文明,他们会鄙夷地讲:"那是圣人不到的地方!"再如,君子怎样,小人怎样,我从长辈那里得到的教训非常之多。我后来读了一些书,才知道,儒家倡导的伦理秩序,就是与宗法紧密结合在一起的,"修齐治平",个人、家族、国家、天下,这是个系统工程。所以,我就写出了《君子梦》,表现儒家文化百年来在农村的传承与变化。还有,农民与政治的纠结持续了几千年,自己想做官,做不成官就希望得到清官的保护,这是他们的典型心态。在我家乡,人人都希望祖坟冒青烟——那是家族后人能当大官的预兆。然而,或青烟,或白雾,真假难辨;要清官,还是要民主,值得思量。这就有了我的"农民三部曲"之三。当然，家乡的地域文化，直接催生了我的好多作品，在此不一一列举。至于地域文化表现形式对写作的影响，这方面我确实没有格外注意，没做多少探究与实验。我在写作上不大注意形式，固执地认为内容大于形式，"道"高于"术"，这可能是一种偏颇，是一种无能。

周：赵老师太谦虚。您刚才说的对我启发很大，关于内容问题判断得十分准确。生活在这样的文化环境中，感同身受的东西可能更直接，更有冲击力，更能促成您的创作冲动。但阅读也应该是另一种思想和认识的习得方式。就我所知，您的阅读应该是在 20 世纪 80 年代之后完成的，说说您的阅读情况吧。这些阅读对您创作有什么影响？

赵：你已经有所了解，我小时接受的正规教育很少，小学没有念完，初中只念过四个月，30 岁之前没有任何文凭。对于写作来说，这是严重的先天不足。我为了弥补，在 20 世纪 80 年代，先是业余学了三年电大中文专业，又去山东大学作家班学了两年。这两段学习，我不是为了拿文凭，而是将之视为对一个文化缺乏者的疗救。我把大学中文课程扎扎实实学了两遍，在作家班还读了大量课外书，这才让我羽毛丰满，开始在文学的天空飞翔。在作家班毕业之后，我除了即兴式、偶遇式的阅读，更多的是"主题性阅读"，就是为了某一个创作选题而进行的阅读。我每写一部长篇小说，都要把书架上所有相关的书籍集中到一起，自己没有的还要去买、去借，在书架上排成一片，构成一部作品的"文化后盾"。我一本本地读，有时还做大量笔记。如写《双手合十》时，我读了上百本与佛教有关的书籍，笔记有几十万字。这种阅读很有效果，能将一个文化领域集中了解。2011 年，我被曲阜师范大学聘为兼职硕士生导师，为了讲课、带学生，我又去读有关专业书籍。这一种

阅读，对我的写作也有帮助，因为它进一步开阔了我的视野。总之，阅读如风，让我有所凭依，会飞得更高更远。

三

周：前面我们已经提到，农民与土地的关系在我们进入现代社会以来是最令人焦虑的，为此我们的作家投入了大量的精力，也创作了卷帙浩繁的作品。但尽管如此，我们也不能穷尽所有的问题和所有的心思。我们知道，写作者一旦开始了成熟的写作之后，便离开了土地，客居在城市，既不做农民，也不再侍弄土地，但其笔触仍然伸向了养育他的故乡和土地，这似乎是中国作家的最后归宿。我想知道的是，您是否认同这个说法？这里有什么规律性的东西吗？土地为什么那么吸引您？难道仅仅是因为您在那里长大、有那里的经验和记忆？

赵：土地情结，在中国作家中普遍存在。我想，这不只是中国作家的，也是世界作家的，是全人类的情结。几百万年以来，人类一直在土地上生活、繁衍，进入城市才有多长时间？在人类史上只是短短的一瞬。土地上的一切，已经成为人类不可磨灭的经验，进入了人类的无意识。你看，现在许多城里人有事没事都往外面跑，到田野里透透气，散散心。还有些人，干脆逃离城市，回归田园。这种"逆城市化"的潮流，其实是顺应了人类的本性。然而，城市是人类建起来为自己提供方便、用于享乐的，它集中了政治、文化、经济的各种资源，各种欲望在这里可以得到最高程度的实现，这又让城市的魅力所向披靡，吸引越来越多的人蜂拥而入，导致了困扰人类的"城市病"。作为人类中较为敏感的作家群体，对此当然更有真切的感受，他们的土地情结也更为浓重。然而像我这样，一方面对"城市病"忧心忡忡，一方面又不舍得离开城市，这也是一种"精神分裂"，体现了人性的软弱。坐在城市的书斋里写土地（有时到农村走走看看），是不是一种很可笑的做法？虽然可笑，但也能从城乡差别中观察到、体悟出一些值得书写的东西。

周：可能是这样的，对作家而言，离开了土地，就会把土地抓得更紧。比如，您在"农民三部曲"中，抓住了中国农村三个根本性问题，即农民与土地、农民与道德、农民与政治。这些问题本身已经超出了文学创作自身。我认为千百年来，我们农民确实是始终纠缠其中，看清了这个问题，也就能为中国农民确立一个坐标或者建造一个标准。应该说这是一个十分宏大的社会学问题，当然文学也不是不能表现，或者说，关注社会学问题正是我们这些努力介入现实的有道义的作家的创作出发点和落脚点。但我也常常有些疑虑，就是我们能否真的实现预期。但是赵老师在这方面的创作确实超出了我们的想象。就此而言，我想您的创作过程一定是极其艰难的，是否有过放弃的念头？是什么支撑您一部一部地写下来？我想这里绝不是单纯地为写作而写作。

赵："农民三部曲"，用去了我生命中最重要的八年时光，其中的甘苦一言难尽。我自认为，为百年来的中国农村、中国农民"立此存照"，是值得的，是有意义的，所以我写作中尽管有过不顺，有过困难，但从没有放弃的念头。然而，当我完成了最后一部，人民文学出版社 2002 年成套推出时，我写了一个后记，其中有这样的话："……自己的工作是怎样地于事无补。我在土地上吟咏，吟歌，甚至吟啸，其实丝毫改变不了土地上正在发生的事情。"这是我无奈心情的流露。然而，这三部书完成之后，土地上的花开花谢，人笑人哭，依然牵动着我的心，催生着我的新作。

周：其实，说白了，就是一种朴素的没有任何功利的牵挂，其中包含了非常深沉的内容，而要把这种深沉说清楚也不容易。比如伦理道德与政治秩序的关系问题。我认为，在土地之上建立起来的道德伦理和政治秩序构成一个相对稳定的乡村结构。如果人与土地之间的关系不变化，那么这种道德伦理和政治秩序变化的可能性就比较小。反过来，如果出现了这样一些小的变化，也会影响人与土地的关系的变化。这是一个具有辩证性的问题。联系到您的创作，《君子梦》给我的印象是最为深刻的，也正是因为这部小说，我开始注意赵老师的创作。在读《君子梦》的时候我就想，虽然在中国农村所有的道德伦理和秩序均来自土地，但反过来道德伦理和秩序又会制约或者改变一些人与土地的关系。我不知道您在创作这部作品的过程中是否也是这样认为的。能否结合您的作品具体谈一下？这些年来，或者几十年来，变和不变的都是什么？

赵：谢谢你的关注。你说得对，中国农村的道德伦理和秩序来自土地，反过来道德伦理和秩序又会制约或者改变一些人与土地的关系。旧的伦理，是中国农业时代的产物，从家到国，家国一体，都用"三纲五常"统领、制约，企图建立起一种固若磐石的秩序，"为万世开太平"。像我在《君子梦》中写到的律条村，一代一代的族长都在整治人心上下功夫。在他们眼里，天理与人欲的交战是一种"圣战"，有时需要投入身家性命。他们的某些做法可歌可泣，当然也时常徒劳无功。因为，人的欲望是那般喧嚣，喧嚣到一定程度，土地兼并，财富集中，导致农民的均田诉求与行动频频发生。这是旧中国挥之不去的梦魇。进入20世纪中期，时代突变，"造反"有理，旧的伦理被彻底颠覆，土地关系也彻底改变。在当今，土地在一些人眼里只是资本了，土地关系也会进一步改变。像今年河南一个地方因为平坟头而发生的冲突，就是这方面的典型案例。在农民眼里，某座坟茔是他的血脉源头，是他的精神归宿，而在某些商人眼里，却只是几平方米的用地指标，腾出来拿到城里用，是可以赚大钱的。我希望国家土地资源局的监控卫星在太空巡行的时候，能看清地球表面上资本的贪婪面孔，也能看清农民的斑斑血泪。

至于变与不变，我认为，变的是世道，不变的是良知。尽管旧的伦理好像已被颠覆，道德滑坡在今天日益严重，但人心中那些最深层的、最坚硬的、最珍贵的东西还在，那是良知，是善意，是仁爱。有这些在，人类的希望就在。

周：所以，您也是把良知、把善意、把仁爱作为您创作的出发点和归宿，这是潜在的动力，也是终极的目标。文学的使命之一就是要去颂扬这些或者指出这些。

"农民三部曲"是一系列呕心沥血之作，无论是前期准备还是整个写作过程都付出了巨大的脑力和体力。正如您在《写书记》中所言，写这些书差点累坏。其实您不说，读者也能看出来。作品的面貌一定会呈现出作家的面貌和写作状态。也就是说，一部作品，作家写得苦不苦、乐不乐，在字里行间是能够看得到的。任何一个作家，无论他如何注意，都会无意识地将个人的某些品质、经验表现出来。我们常说的文品即人品更接近这个意义。关于这一点，我想您的感触应该是更多的，能否再给延伸地说明一下？

赵：写"农民三部曲"过程中，我的身体是出过问题。写长篇小说，对于作家的智力、功力、体力都是严重的挑战。像我写的这类小说，更是要求作家在这几方面都行才可以。而我智力平平，功力一般，体力较差，不累出毛病怎么可能？以作品看人品，有一定道理。一个关注时代、有责任感的作家，他必然要用作品发言；一个探究人类命运的作家，他必然要通过写作表达自己的担忧；一个崇尚真善美的作家，他不会在作品中对假恶丑持欣赏态度。但是也要看到，文品即人品，这话说得有点绝对，文坛上文品与人品不统一的作家，也有不少。按佛家的说法，有情众生，都是佛魔并体。作家也不例外，每个人都有善恶两面，好人和坏人的区别只在于二者的比例多少。我们作家，尽管本身也存在不同程度的假恶丑，但写出的作品还是要彰扬真善美，而且要通过写作，努力去提升自己，净化自己。我曾经说过"写作是一种修行"，其中就有这方面的含义。

周：这句话非常好，非常有见地。我理解，作家通过创作，一方面来反映历史和社会现实，"以引起疗救的注意"，另一方面也是对自己的一个校正和疏通。比如《双手合十》就给我的印象十分深刻。这种深刻来自两个方面，一是文本自身的。我觉得对这部小说的理解不能仅仅停留在或者不能将目光主要投射在宗教上。其实，我感觉这部小说是借助宗教的形式表达了对当下社会的一个普遍性叩问和关怀。特别是将其与SARS病毒联系在一起，更增加了这种叩问的普遍性和现实性。这里有宽厚、有关怀、有温暖，当然更有批判。赵老师能否就此再给我们做一个更为详细的关于您的思考的说明？

赵：《双手合十》这部小说，写的是宗教。六祖惠能讲："佛法在世间，不离世间觉。离世觅菩提，恰如求兔角。"我不写俗世，如何写宗教？世间法与出世间法是相对存在的。世界上为何有出家人这个群体？他们的目的何在？他们实现目的的方式怎样？宗教对于俗世的意义又在哪里？与宗教世界相比，我们身处的俗世有哪些值得深思反省之处？这都是我通过这部书与读者交流的问题。我试图通过这部小说将寺院的宗教生活和僧人的内心世界加以展示，将当今社会变革在佛教内部引起的种种律动予以传达，将人生终极意义放在僧俗两界共同面临的处境中做出追问。

周：我甚至认为，《双手合十》在一定意义上来说，至少在文化层面上来说是对"农民三部曲"的补充，甚至是一个延续，是它们的姊妹篇。这四部长篇从土地文化开始，经由乡村道德文化、乡村政治文化上升到关乎人类整体性的信仰文化。这样以土地为基础，您似乎已经完成了有关道德、政治和信仰的文化建构。当然，我不能揣测您的想法，请赵老师再给说明一下。

赵：我同意你的分析。《双手合十》的主人公慧昱出身于农家，是经历了人世的险恶、品尝了人生之苦后，才决定出家的。他认为，寺院才是他的安身立命之处，学佛修禅才是他的解脱之道，所以他勇猛精进，成为一位优秀的青年禅僧。然而，我写这部书，无意为人们指引精神归宿，只是提供文化参照。我完成《双手合十》之后，又用三四年的时间写出了反映当代道教文化的《乾道坤道》。这两部书，可以称为"宗教文化姊妹篇"。也有论者，将这两部书与《君子梦》放在一起，称作"传统文化三部曲"。今年8月份，中国作家协会、山东省委宣传部、作家出版社、山东省作家协会在北京召开了"赵德发传统文化题材作品研讨会",讨论了这三部长篇小说。

周:将这几部书放在一起研讨,很有必要。可以看出,您的创作着眼点如何从土地出发,从生存层面肇始,而后上升到文化与信仰这些领域。我对《双手合十》印象深刻的另一个方面,就是您为完成此书的游历和访查,也可以称作田野调查,付出了艰苦的努力。当然,您写《乾道坤道》,田野调查也是必不可少的。这一般都是社会学家、人类学家的基本功课,今天看来,这也是一位有着深刻追求的作家应该完成的功课。比如范稳在写"大地三部曲"的时候,就曾在藏地游历数十万公里。我想,对一个作家来说,这个收获要远远大于写作本身。所以再请您谈一谈这个方面的话题。

赵:对佛、道两家的探寻与参访,是我生命中的特殊而难得的经历。八年间,我去了全国许多宗教文化圣地,参访了几十家寺院与道观,结识了许多僧人与道士。我一般不介绍自己的作家身份,只说自己是佛学爱好者、禅学爱好者、丹道爱好者,诚心诚意地与他们交谈,向他们请教。我多次住进寺院、道观,与那些出家人一起吃斋,一起上殿,一起参禅打坐。于是,我了解了他们的宗教生活,了解了他们的所思所想,了解了佛教、道教文化在当今的存在形态,得以完成这两部书的创作。我经常想,撇开创作不讲,能有这样的经历,是我的殊胜之缘,可谓三生有幸。这个经历对我的影响,主要有四个方面:

一是简单生活。我去寺院、道观参访,了解了出家人的衣食住行,他们的那种生活对我产生了影响。举例说,他们的斋饭非常简单,有的寺院,午饭还有点素菜,早晚两顿,就是一碗米粥加一点咸菜。老伴多次与我一起去寺院,她自此开始调整家中饮食结构,尽量让饭菜清淡一些（并不是彻底吃素），结果很有益处。我前些年血压高，吃了好几年药，从前年开始竟然降了下来，药也不用再吃。生活的其他方面，我也尽量简朴。

二是安息心灵。宗教在今天的一大功用，就是安心。佛家劝人去执着心，去分别心，随缘，放下；道家劝人自然无为，柔弱不争，这都是人生大智慧。我们可以不接受佛、道两家的宇宙观，但这些教义，对人生也是有好处的，有利于在这个物欲喧嚣的世界上保持一颗安宁的心灵。

三是悲悯情怀。佛家讲："无缘大慈，同体大悲。"道家讲："齐同慈爱，异骨成亲。"他们提倡的悲悯情怀深深感动了我。

四是独特视角。虽然我不能完全理解和接受宗教教义，也不可能成为某个宗教的教徒，但他们观察世界的独特视角对我有深刻影响。打个比方，我用原来接受的理念看世界，看到的是3D镜像，理解了一些教义之后，那些镜像就可能变成了4D的、5D的。这样，会加深自己对世界的理解与感受。

周：赵老师这些思考对我也很有教益。这次访谈，主要谈的都是您的长篇，没有涉及您早期创作的作品和其他中、短篇，所以最后一个问题，就是请赵老师谈一谈这方面的情况以及今后的创作打算。

赵：我早期的创作主要是写中、短篇小说，代表作有《通腿儿》等。从40岁那年也就是1995年开始，我把主攻方向放在了长篇小说上，至今已出了七部。但在写长篇的间隙，我也写一些中、短篇小说以及散文、随笔。2011年我偶然结识了一位蒜商，了解了大蒜行业，就在2013年创作了我的第一部长篇纪实文学《白老虎——中国大蒜行业

内幕揭秘》。2014年，我要开始创作一部新的长篇小说。这部小说，采用历史地质学的视角，反映的生活面更加宏阔，思考也更趋于终极。这就是我前面和你透露的"野心"。计划在2015年完成，给自己的花甲之年献上一份礼物。

谢谢你的关注，谢谢你约我进行了这次愉快的长谈。

2014年第3期《芳草》

第三辑

书成呼友吃茶去

关于《君子梦》的问答

曹磊（山东师范大学硕士研究生，导师为吴义勤，以下简称曹）：赵先生您好！我们看到，您的长篇小说新作《君子梦》的第一卷在去年第6期《当代》发表，单行本今年已由人民文学出版社出版。读过之后，老族长许正芝给我留下了深刻印象。这位满腹经纶的儒家思想的继承者，仿佛是传统伦理道德的一个符号，他本人就是仁义的化身。尤其是他额头上的那几块疤痕，给人一种震撼心灵的冲击力。他那种替人代罪的精神，那种"养不教、父之过"的赎罪精神，犹如十字架上的耶稣，以自己的身体力行去启迪众人。许景行，他的嗣子，正是他的精神和思想的继承者，他们都把整治人心作为毕生为之奋斗的目标。那么，您对笔下的这两个人物有什么看法？

赵德发（以下简称赵）：写作《君子梦》的最初契机，是我注意到在中国农村的漫长岁月里，一些优秀农民在苦耕勤种以求温暖的同时，也在不懈地做着道德方面的追求，传统的伦理道德，尤其是儒家的一些主张，在深深地影响着他们，规范着他们的言行。许正芝就是其中的代表，他虽然努力多年连个秀才都没考上，但孔孟之道浸淫着他的骨髓，让他时时不忘"修齐治平"，一直想做个真正的"君子"。当了族长之后，他决心实施儒家主张，将全族人都调教成"君子"。他感化众人的方式是十分独特的：自戕——如果族中出了丑事，他便在额上烙疤以记耻。后来日本鬼子进了村，逼着妇女们光着小脚走热鏊子，他便扑上去又将自己的脸烙伤，然后壮烈地死去。这样，家丑国耻写在脸上，道德正义集于一身，这个人物就立起来了。他的嗣子许景行是他的精神的继承者，但许景行所处的时代变了。面对着史无前例的"文化大革命"，他联想到嗣父向他讲的"千古圣贤只是治心"，发现了毛泽东与古人一脉相承的方面，于是自觉地带领全村人"斗私批修"，建设"公字庄"。那种真诚，不能不令今人深思。总之，他们父子俩是两代"君子"，他们的形象有光辉的一面，也有反人性的一面。

曹：对了，我们就说说"君子"。"君子"是一种理想人格。从许正芝到许景行，他们自身追求以及竭力推广的正是这种精神。这也是传统伦理思想的核心。然而这种人格往往在现实面前碰壁：许正芝自虐以警下的精神威慑力被日军的枪弹击得粉碎；许景行创建"公字庄"的乌托邦也被他饥饿的女儿大梗打破。您选择《君子梦》作为书名，是否也像《缱绻与决绝》那样，有一种复杂的情感？另外，您对传统伦理文化持一种什么样的态度？

赵："君子"是传统道德提倡的理想人格，它与"小人"并列，成为人的道德形象的两个极端。做君子者人人敬，做小人者人人嫌。这一对概念联系着天理人欲、善恶、义利等，成为中国思想史的一条主线。然而,"天上星多月亮少,地上人多君子稀",要让人人都当君子,这是根本不可能的。君子是绝对无私、利他的,我们可以树立这样的楷模,指引社会的道德方向,但不可能要求人人都大公无私。因为大多数人不可能根除各种各样的欲望,而人的欲望从特定层面来说也是推动社会前进的动力。许多政治家与思想家恰恰就在这一点上犯了错误,要求人人都成为君子,甚至想建成"君子国"。结果呢?往往在培养出君子的同时,也培养了大量的伪君子!政治家应该做的,是承认并刺激人们的欲望,使社会保持活力(现在我们不正在大讲要"刺激消费"吗?),同时也给人们的欲望以有效的约束,使人与人之间免受太多的伤害,使社会保持稳定。能实现这种约束的,首先还是法律。当然,我们在健全法制的同时,也还得重视道德感化的作用,讲一点"君子小人"。否则,人人心中没有准绳,没有善恶观念,不懂得自律,这个社会就会很麻烦。

至于如何对待传统伦理文化,我的态度是"扬弃"二字——对积极的东西要发扬光大;对消极的东西则要坚决摒弃。全面肯定或是全面否定,都是错误的。近年来有人常讲,21世纪的世界,儒家文化将居主导地位。我认为这也是一种"君子梦"。现在我们要做的不仅要从儒家文化中汲取养分,也要继承、汲取人类文明的所有优秀成果,建设起一套全新的思想文化体系,这样才能在地球上站稳脚跟。

曹:看完这部作品,我有一个模糊的感觉,第三卷也就是现实生活部分,好像没有第一卷、第二卷那么理性和条理。对小字辈的伦理、价值观念的铺排比较多。就连在"文化大革命"中成长起来的那一代即"合字辈"——合心、合千、荣荣等人的人格追求和价值观念也发生了重大改变。《缱绻与决绝》中似乎也有这样的现象。这中间是否包含了您对现代文明的一种看法，或者说，您是否觉得现实部分比较难写？

赵：你指出的这种现象的确存在。今天物质主义的盛行，这是不争的事实，与先前相比，物质的丰富也是不争的事实。历史评判与道德评判的抵牾从来没有今天这么严重。这也反映到作家对当下生活的把握与表现上。在我的笔下，可能有偏颇的一面，因为作家手中所持的往往是道德标准，而不是历史标准，在以表现道德问题为主旨的《君子梦》中更是如此。也许我的描写不够客观，我应当认真反思一番。同时我也承认，创作与生活是需要拉开一段距离的，尤其是时间距离。因为我们对正在发生的事情往往会看不清楚，"不识庐山真面目"，这的确带来了写作的难度。

曹：小说写到了不同时期有不同时期的精神支柱，好像第一卷中许正芝是从《呻吟语》中汲取力量，第二卷中许景行是从毛泽东那儿找到支柱。到了第三卷，一部分农民转向了耶稣，而大部分人则不知信仰什么。您是怎样看待这种现象的？

赵：人活在世上，必须有能够支撑精神的东西。在中国几千年的伦理化社会中，多数人的精神支柱是"天理"，也就是几乎被神化了的儒家伦理纲常。许正芝推崇并时时引用的《呻吟语》，只是阐述这些伦理纲常的一部书，它是明朝大学者吕坤写的，许正芝偶然地得到了它，便视若至宝奉为圭臬。我们能不能在东方文化的基础上，重新建立起一个道德信仰体系呢？这是一个很值得探讨的大问题。

曹：《君子梦》中几次出现这样的细节：家庙的墙皮脱落，里面露出一团纸，纸上有一些警世的话语。您在设置这些细节时，是否有什么隐喻？

赵：是有隐喻，这与上个问题有关。家庙是供奉祖先的祠堂，也是先人精神的载体。纸团上的内容都是那些传统的价值观。家庙从墙皮脱落，到被彻底拆毁，这隐喻了传统道德体系在这半个世纪中所受的待遇。

曹：您在小说中多次写到对"人心""天理"的理解，尤其是第三卷中有一段对"天理"的参悟：真正的天理是和谐的——人与人之间的和谐；人与自然之间的和谐；人们内心的和谐。不知这是否正是您的理想，或者说正是您的"君子梦"？

赵：在我的理解中，"天理"是宇宙的根本法则。古人对"天理"的解释有很多，但儒家最后将这根本的法则与他们所提倡的伦常关系捆在了一起，声称"天者，理也；理者，天也"。天分五行：金木水火土。理有五常：仁义礼智信。我认为，今天再讲"天理"的话，那么就是"三个和谐"。那个境界是大真，是大善，也是大美，我无比地向往之。这的确是我的梦想，大概也是全人类的梦想。

曹：我注意到，您对"缱绻"一词似乎有点儿偏爱，用它做了第一部长篇的书名，在这部书中也多次使用，这表达了作者怎样的情怀？

赵：这个词用作书名遭到了很多批评，说是不够"通俗"。在这里我要辩解一下：第一，我觉得用"缱绻与决绝"来表述新、旧两代农民对土地的不同态度，是比较准确的；第二，文学作品不能一味地迎合"通俗"而让我们的语言退化。在汉语中，有许多词语的表现力是相当强的，内涵是相当丰富的。譬如说"联绵词"，就是两个音节连缀成义而不能分割的词,其中"双声"(如玲珑)、"叠韵"(如徘徊)两类,最能体现汉语的音乐美。古今学者甚至还专门编写过《联绵字典》。但在现代汉语中,这些联绵词的使用频率却越来越低。"缱绻"这一联绵词,其实在汉语中是常用的,它传达的那种固结不解、缠绵难分的意味,是很难用别的词语替代的。而今天竟有这么多的人不认识这个词,我只能表示惊讶。

曹:您近几年致力于"农民三部曲"的创作,已经引起了文学界的广泛注意与好评。据我所知,《缱绻与决绝》先在《大家》发表第一卷,单行本在人民文学出版社出版后,立即被《小说选刊·长篇小说增刊》创刊号转载,并在《作家报》评选的"1997年全国十佳小说"中名列长篇小说榜首。《君子梦》是全国文学创作山东中心首批资助的作品,发表、出版后也是反响良好。您将要写的第三部《青烟或白雾》又获得了山东创作中心的第二批资助。目前,您已成为中国文坛"写农村的高手"(《当代》编者语)。请问,您创作"农民三部曲"的最初动机是怎样的?

赵:在我的成名作《通腿儿》发表后,我写了近百万字的中、短篇小说,题材多种多样。但我觉得,那些都不足以代表我的创作追求,不能体现我的生命价值。那么到底写什么好呢?我还是将目光投向了农村。那是我的根之所在,是我最为熟悉也最能引起我强烈创作冲动的领域。这时我注意到一个事实:存在了几千年的中国农民正在进入终结阶段,再过一段时间,传统意义上的农民将不复存在,代之而起的是从生产方式到生活方式乃至思想方式都变化了的崭新农民。因此,我决定用系列长篇小说的形式来反映这一历史巨变,写一写20世纪中国农民所走过的路程。尽管我做得还不够出色，作品中还有许多不尽如人意的地方，但我还是感到了欣慰，因为我做的是"我手写我心"。

曹：您以后的创作方向是什么？艺术手法将向何处发展？

赵：我下步的创作计划就是写作《青烟或白雾》，大约明年年底能够完成。我今后的创作，基本上是以长篇为主。至于艺术手法，我想在大体保持原有风格的基础上，也适当做些新的尝试。在题材取向上，农村生活仍要占一个比较大的比例，我想用我的诸多作品，建构起一个规模庞大而且新鲜好看的农村小说的艺术世界。当然，能否成功，这在一定程度上还有赖于朋友们的指点。

我们今天先谈到这里吧，谢谢你。

曹：谢谢。祝您取得更大成功！

1999 年第 4 期《文学世界》

书成呼友吃茶去
——关于《双手合十》的对话

雨兰（《山东建设报》副刊主编、青年作家，以下简称雨）：首先祝贺赵老师！大概是四年前，我在《山东作家》上读到您写的文章《殊胜之缘》，得知您计划写一部反映当代汉传佛教文化的长篇小说，现在，您的《双手合十》已在《中国作家》发表，并被《长篇小说选刊》转载，34万字的单行本也已出版，算是功德圆满了。我读过一些反映当代藏传佛教的小说，但反映当代汉传佛教的，《双手合十》还是第一部。您说过，"写作是一种修行"，就《双手合十》说说您的苦修和苦修过程中的"禅悦"好吧？

赵德发（以下简称赵）：谢谢雨兰的关注。应该说，这部书是我近30年写作生涯中最投入、最用功，也是我最看重的一部作品。你是知道的，我原来多是写农村题材，倚仗自己的出身，有"扳门框的价钱"（方言，指门户优势），就挥霍着我积累的那些素材信笔写来。

到 2003 年，我写出了上百个中、短篇小说，并完成了系列长篇小说"农民三部曲"。这时我年近半百，就盘点自己的生命，对下一步的创作做了规划。总的设想是转移阵地，在新的题材领域求得突破和超越。2003 年的秋天，一个因缘到来，我决定写一写当代汉传佛教。从此，我的写作更接近"修行"了。我一次次走进寺院，与僧人一起上殿、吃斋、坐禅、出坡（劳动），全面体验他们的宗教生活，并了解他们的所思所想。为了不让僧人对我有戒备心理，我一般不暴露作家身份。但我不是佛教徒，没有皈依证，只说自己是佛学爱好者，这就给采访增加了困难。有一次，我想到扬州一座著名禅寺体验中国最正统的坐禅仪规，可是该寺知客僧不让我进禅堂。我一再央求，他就让我背诵经书，考我，幸亏我还能背诵几段，这样才得以进去。当然，在整个采访过程中，我以我的真诚以及对他们的尊重，还是结交了一大批僧人朋友，走进了他们的生活乃至内心世界，获得了丰富的写作素材。与此同时，我大量读书，包括佛经、高僧著作及其传记、禅宗公案、佛家仪规、佛教史、宗教人类学等，光是笔记就做了几十万字。其中一些佛教用语，我甚至是一个词一个词地记录下来。随着采访的逐步深入和读书量的增加，《双手合十》这部作品从混沌中渐渐显现，包括人物、故事、色彩、韵味，等等。更重要的，我培养出了写作此书的心境——平和，宁静，不为琐事俗务轻易扰动。即使这样，我开笔以后还是不顺，觉得我写出的和我所期望的尚有差距，仅是开头部分就写了三稿。此后，当写出 16 万字的时候，又推翻重来。这种情况，在我以前写长篇的经历中从没有过。创作《双手合十》的具体过程中，为了一个情节、一个细节，甚至一句话、一个词而反复推敲，那更是常见的了。当然，"修行中的禅悦"也是经常有的。举例来说,书中那首"藏宝偈",我苦思数月而不得,在一个夏天的傍晚去公园里散步,突然就想出来了。那一刻,我真的是非常高兴。至于全书杀青之际的那份愉悦,更是让我终生难忘。

雨:赵老师如此的"苦修",真让人钦佩与敬畏。是啊,您说过,"文学就是我的宗教。我必须像一个真正的佛教徒那样,用心专一,勇猛精进,这样才能求得开悟,求得创作与自身生命的升华。"我看《双手合十》就是苦修而成的一个正果了。

赵:开悟得道,才叫修成正果。我根器太浅,离那境界还远着呢。这部书,只是在文学的修行路上采摘的一个果子而已,它是生是熟,是甜是酸,由着读者品评吧。

雨:我注意到,您以前虽然致力于农村题材,但文化意识相当自觉。譬如说您的"农民三部曲"之二《君子梦》(后来改名为《天理暨人欲》),对儒家经典、理学精义能够通达运用,成功地塑造了许正芝这样一个致力于"修齐治平"的"君子"形象,以律条村几代领导人失败的"治心"史展现无法纾解的道德悖论,从一个村庄辐射百年中国以至于几千年中华文明与道德纠结的困厄,让人读后不禁掩卷深思。您还有别的一些作品,也涉及传统文化。如我在《小说选刊》上看到的短篇小说《结丹之旦》,竟然写了道教内丹术,而且写得非常精彩。现在面世的《双手合十》,您又集中反映了佛教文化。请问,您为什么对传统文化有如此浓厚的兴趣,而且接连用作品努力地予以表现?

赵:从传统文化中寻找创作资源,用小说予以表现,是我给自己制定的一个写作方向。传统文化是我们的精神脐带,当今一个最普通的中国人，哪怕他根本不知道儒、释、道为何物，但他的思维方式、处世态度都不可避免地受到这些文化因子的影响。如某个小混混说：老子不怕死，反正十八年以后又是一条好汉！这就是用佛家的"轮回说"给自己打气。这些中华传统文化，正是区别东方与西方的重要标志。文学要深刻地表现中国，写好中国人，不从传统文化出发是不行的。另外，我们现在正致力于文化重建，在大力弘扬社会主义核心价值体系的同时，也要充分挖掘、扬弃中华传统文化，使之成为文化重建的重要材料。所以，我这些年来有意识地学习传统文化，用作品展示其存在形态，并提出一些问题让大家思考。下一步，我打算用几年的时间再写一部反映当代道教文化的长篇小说，让人们了解这种在中国本土生长的宗教，到了今天是个什么样子。

雨：哦，您这创作规划真够宏大的，也让人惊喜，体现了一个作家可贵的自觉意识、责任感与使命感。您虽然不是哪个宗教的教徒，但如此做来，也是很不错的"法布施"，是一项大功德了。

赵：《双手合十》问世之后，有些佛教徒也向我这样说过，但这话我不敢当。我只是觉得，像我这个年纪的人，小时候没在学校吃过传统文化之奶，今天能够捧读圣哲先贤们的书，并尝试着用自己的书来展现他们的思想在中国当代的影响，这是一种无与伦比的幸福。尽管我的书十分浅薄，而且很可能会被岁月迅速湮没，但我无怨无悔。

雨：我注意到，您的长篇小说《君子梦》和《双手合十》都在修心养性上做文章。在心性问题上，自古以来有持性善说的，如孟子；有持性恶说的，如荀子；还有人认为人性无善无恶，如告子。西方一些哲学家，则认为人性与兽性共存于一身。在《君子梦》里，您将人性与兽性之较量表现得惊心动魄；在《双手合十》里，您又写了佛性与魔性的搏斗。您觉得《双手合十》在这方面写足、写透了没有？有没有什么遗憾？

赵：明代大儒吕坤说过一句话："千古圣贤只是治心。"看一下中外思想史，大致如此，其中也包括宗教领袖们的言行。古印度人认为，人的右手是圣洁的，左手是不净的，所以他们创造了双手合十的姿势，来揭示人的真实面貌和世界的本相。释迦牟尼是持性善说的，他以为："心性本净，为客尘染。"那么，"净"与"染"就成为人类所面对的一大问题，"佛性"与"魔性"的争斗也就永无止期。我认为，人，其实是佛魔同体的，这种"佛魔之争"，一直是激烈的、持久的，许多时候甚至是"道高一尺，魔高一丈"。修行之难，就难在这里。《双手合十》里写到了这种争斗、这些艰难，但表现得尚不够。出于某些禁忌，也因为我笔力不逮，还没有将其写足写透，这是让我感到遗憾的地方。

雨：您在《双手合十》中写到了2003年那场"非典"，写到了"9·11"等，让我不禁想到《易经》上说的"与时消息，与时偕行，与时俱进"。赵老师的作品都放置在时代的大背景下，历史的场景感和现实感非常强烈。

赵：惠能大师说："佛法在世间，不离世间觉。离世觅菩提，恰如求兔角。"宗教是人类的特有现象，从来都与现实社会息息相关。佛教虽然教人出世，但依然强调要在红尘中觉悟，在现实中修习，所谓"烦恼即菩提，生死即涅槃"，就包含了这个意思。那么，要准确地表现当代佛教，离开时代背景肯定不行。

雨：小说离不开人物。我认为，《双手合十》对于人物的塑造是很成功的,像休宁、慧昱师徒,郗化章、觉通父子,孟忏、孟悔姐妹、秦老㐰,乃至雨灵老和尚、明若大和尚、宝莲师太等,每一个都很立体、饱满,虽然用笔或繁或简,或正或侧,但都展现了您塑造人物的深厚功力和技巧。尤其是主人公慧昱,是一个接近完美的禅僧,形象饱满,入情入理。据说,作家对他所塑造的人物总是有所偏爱,是作者心里的那"另一个"。您写作之初是怎么想的?

赵:按照释迦牟尼的说法,现在佛法已经进入"末法时代"。许多人,包括一些我接触过的僧人,都对佛教抱悲观态度。我也了解到,个别僧人奉行享乐主义、拜金主义,虽然身披袈裟,却比俗人还俗,严重败坏了佛门声誉。然而,我也见识了另一些僧人,他们坚持"在末法时代做正法事业",正信正行,刻苦修习。所以,我在书中就写了这形形色色的一批僧人。但我将主要笔墨用在了后一类身上,尤其是倾全力塑造了慧昱这个年轻禅僧的形象。慧昱出身农家,经历了许多磨难后投身佛门,尽管佛门此时并不清净,他的理想屡屡受挫,同时自己还遇到孟悔姑娘这个"业障",但他志悲愿坚,勇猛精进,终于成长为佛门栋梁。我在他身上寄予了充分的同情与期望。我想,具有信仰是人类的特质之一,正是因为有了信仰这份"人心中最高的情感"(克尔凯郭尔语),人类才增添了一份可贵品质。那么,一个人不管他具有何种信仰,一旦皈依,就来不得假模假式,来不得自欺欺人。所以说,我对慧昱这样的真正修行者抱有深深的敬意。

雨:通读全书,结合慧昱提出的平常禅,还有僧人在构建和谐社会中的担当等契时切世的问题,我觉得慧昱这个人物,很有些儒家的入世精神。您有没有觉得他与您要塑造的佛家人物形象有所背离?

赵：我觉得没有。佛教界人士经常说这样的话："以出世的精神做入世的事业。"佛家的基本观点是出世的，要求修行者去除一切杂念，舍弃身外之物，物我两忘，他们出世的终极目标在于渡己，即追求自身的解脱。而大乘佛法也认为，人性本善，只是世间充满苦难，迷失了众生的本性，应该通过度化，劝人行善，让众生摆脱苦难。可以说，出世在度己，入世在度人。在当代，一些佛门大德进一步提出了建设"人间佛教"的主张，让佛教适应现代社会、关怀现代社会、净化现代社会，这应该成为佛教发展的方向。佛教总体上应如此，其中的禅宗也应如此。所以我让慧昱致力于"人间佛教"的建设，并深入思考如何让禅学文化走向大众的问题，提出了"平常禅"的主张。我想，佛教界这样积极入世，对于和谐社会的建设是大有裨益的。

雨：《双手合十》里面写到了书法，书法在章法上有疏可走马、密不透风等矛盾体，在笔法上有藏露、提按等一对对矛盾体，一幅精彩的书法作品就是这一对对矛盾体的巧妙融会。《双手合十》在塑造人物的时候，是否也有意地进行了"矛盾体"的对照与映衬，比如说慧昱与觉通，明心与休宁，孟怀与孟悔姐妹，休宁与秦老蔫，等等。秦老蔫是一个非常有意思的人物，为小说增色不少，他的身份、经历、性格、话语等都处理得丝丝入扣，您写这个人物时倾注了不少自己的心血吧？

赵：是的，我在设置人物的时候，有你说的这种考虑，通过对比，来展现人物在某些方面的不同；通过映衬，凸显人物的一些特点。说到秦老蔫，这是我写作中特意设计、精心刻画的一个人物。他不信佛，但与休宁和慧昱师徒俩都是好朋友。他一生中都在寻找雪菇，据说这种雪菇可让人长生不老，然而最终也没找到，却在一个大雪天里死去，化作了芙蓉山上的一棵"雪菇"。我没有点明，秦老岢自己也没有意识到，他其实是一个受道家思想影响的人。这样写秦老岢，我觉得会让小说的文化含量更加充沛一些，同时也增加了小说的超拔气质。

雨：读到《双手合十》中石钵庵宝莲师太接受孟悔第二次出家那一段，我特别感动。我觉得您塑造的这位师太，很有点女权主义的味道，虽然在小说中您着墨并不多。虽说佛家一直讲众生平等，实际上还有一些不平等。比如说，男性还俗后可以再度出家，最多可以允许七次，而女性不行，还俗了就还俗了，想再度出家万万不能。宝莲师太那简短的几句话实在是掷地有声，而且还是通过他人之口说出来的，此中看出赵老师妙笔。

赵：佛教传入中国之后，一直在根据中国国情和时代变化而不停地改革。在今天，佛教的现代化更是大势所趋。我在采访中接触了佛教界的一些有识之士，他们都谈到了这一点。所以，宝莲师太所做的变通，是有现实依据的。不过，有些方面要改革，要变通，但在一些最根本的原则问题上还是要坚守的。我在采访中了解到，有一些比丘尼，其持戒之严，修行之苦，都是常人难以想象的。宝莲师太和水月就是她们中的杰出代表。

雨：相对于您以前创作的几个长篇，《双手合十》在叙述上具有突破和不俗的表现：立体，繁复，而且从容，冷静，您自己是怎么看待的？整部书里面，"秦老岢的岢"通贯全篇，成为《双手合十》的另一条线，为小说的叙事增加了立体感。秦老岢的那些"岢"，从语言上说，生动活泼，味道特足，活色生香；从内容上说，围绕着飞云寺的前世今生和因因果果，又增加了小说的历史厚重感。

赵：我以前的长篇，多是线性叙事，按照故事发生的前前后后娓娓道来。我不满足于这种写法，在《双手合十》中就做了些新的尝试。最明显的是，我在每一章后面都加了一段"秦老疙的疙"，让他信口开河讲上一通。这样，不仅能够让读者领略民间叙述的魅力，同时也让主体故事的历史文化背景变得广阔而苍茫。另外，对于主体故事的叙述，我注意控制语调和节奏，有意识地使之和缓平静，语言呢，也努力使之典雅清奇，这样才能与佛家风格相称。

雨：是啊，《双手合十》的叙述既延续了您以前温厚、冷静的叙述风格，又有了别具匠心的叙述节奏，整部作品漫溢着一种动人的情采，让读者充分享受阅读的舒适感和愉悦感。从小说文本来说，我觉得《双手合十》的物象与内在结合得很完美。像第一章里，慧昱在山洞里通宵坐禅，外面落雪瑟瑟，他内心禅思连绵。第八章里，慧昱坐飞机出国，看见舷窗外变幻不定的云海，他感悟着佛法泪流满面。这些具体描写都非常动人。从小说整体上看，芙蓉山，清凉谷，狮子洞，飞云寺，您构建了一个很好的"道场"，让众多人物在那里"现身说法"。秦老疙的疙，云山雾罩，扑朔迷离，又给这里增添了神秘气氛。当然，还有好多好多的地方，在此不一一列举了。

赵：谢谢你读得这么仔细。四年前，著名评论家贺绍俊先生写过一篇文章，评论我的短篇小说《学僧》和范稳的长篇小说《水乳大地》，文章的题目叫作"好的文学作品是一座寺庙"。这句话说得非常之好。的确如此，创作一部作品，就像建一座寺庙，要把方方面面都考虑周全，把"软件""硬件"备齐，精心施工，仔细营造，来不得半点马虎，更不能随便糊弄。不过，仅止于这个层次，还只是一名工匠，更高层次是，要把整座寺庙建得富有灵性，成为"气场"，让读者走进作品就像走进寺庙一样，能够获得智慧上的启悟和心灵上的慰藉。这是我梦寐以求的目标，但我现在离这个目标还相差太远。

雨：对了，我注意到，《双手合十》后半部分，有一根重要的立柱在支撑着，那就是在芙蓉山僧人中传了几百年的"藏宝偈"。这是一个很大的悬念，它一直在吸引着我。而且到了最后还有悬念，那就是，您让慧昱最后破解了这首偈语，却在山上挖出了一窟残破的佛像，用意何在？

赵：抱歉，我不能告诉你。

雨：哦，不可说。那么，就像慧昱在小说结尾处的回答一样，只管吃茶去？

赵：对，吃茶去。

雨：现代企业管理学有句名言：细节决定成败。搞管理是这样，从事艺术创作也是如此。《双手合十》在细节描写方面特别出彩，或精妙绝伦，或意味深长，或直指人心，比如像慧昱与曹三同、热砂主人的斗智，访问韩国时两位大和尚的"手谈"，等等，我特别欣赏。

赵：细节决定成败，这是做事作文的金科玉律。我在写作《双手合十》之前，感到最缺乏的就是细节，所以才在采访和读书上下了很大的功夫。有的细节直接从采访中得来，有的则是根据读到的经义禅理虚构而成。像明若大和尚与韩国高僧"手谈"，以及"手谈"中的禅机，就是我虚构出来的。我觉得唯有这样的细节，才符合当时情景，才符合两位禅师应有的高度。

雨：禅宗在中国文化中有很大的影响，宋代以来的文人士大夫都热衷于参禅说禅,明朝很有名气的书画家董其昌,画室名就叫画禅室。《双手合十》里面写到不少禅宗公案、偈颂、话头等,都非常有意思,而且让人觉得您是随手拈来,糅合得不粘不离,融会贯通,读来感觉一点不隔,不造作。您写作之前在这方面做了不少"苦修"吧?

赵:禅宗是佛教传入中国之后,与中国本土文化相融合而产生的,它最具中国特色。我之所以把书中几个主要的和尚都写成禅僧,并且还写了一群城市中的禅学爱好者,是因为我觉得这样才更有文化含量。当然,禅宗文化的一大特点是玄奥难解,甚至只可意会不可言传,光是那些"公案",就让人一头雾水莫名其妙。我硬着头皮读,读着读着就读进去了,禅师们的那些大智慧,那些怪思路,让我佩服得五体投地。同时,我还读有关的经书、禅宗史、禅僧传以及当代禅学研究成果,加上我采访中接触的一些真人真事,这样,我在写作中,字里行间就有了些"禅味"。当然,我在后记中说了,即使这样,我对禅海连"管窥"或"蠡测"都谈不上,仅仅是沾了一点点水星而已,禅宗文化真是太博大,太精深了。

雨:赵老师太谦虚了。日用无非道,心安即是禅。请说说您创作中的"平常禅"。

赵:禅家一直讲,平常心是道。创作,也应该抱一颗平常心。首先要认识到,你所从事的其实是一种很平常的职业,不要抱什么优越感,更不能自诩"精神贵族",做出"俯瞰芸芸众生"的那种姿态。要尊重世界上所有的人,所有的生命,明白自己的生命和他们一样平常,一样卑微,这样,才能具有一个作家应有的同情心和悲悯情怀。其次,以平常心安排日常的写作与生活。心定如山,却随缘如水,饥来吃饭,困来即眠，应时而动，随遇而安。第三，以平常心对待自己的作品。赞扬听得进去，批评也听得进去。去除造作，随缘任化，从容对待作品命运，含笑看其自生自灭。

雨：历史学家钱穆说过，而且还是多次说过，书的背后必该有人，读其书不问其书作者之为人，绝非善读书者。他还说，只有了解到每一书的作者，才懂得这一书中所含蕴的一种活的精神。今天听您讲过这些之后，我更体会到老先生所言极是。谢谢赵老师，让我知晓了您的人生态度和艺术追求，同时也更进一步地理解了《双手合十》，愿更多的人能够读到这部书，能够了解书中精神。

赵：谢谢。

2008 年 8 月 8 日《山东建设报》刊载
2011 年第 2 期《文学界》转载

注：本文题目为赵德发诗作《〈双手合十〉杀青闲咏》中的一句。

时间的雕刻者

记者（《日照日报》记者夏立君　沈凤国）：赵主席您好！您赴京参加中国作家协会第八次全国代表大会（简称作代会）刚刚回来，作为日照市唯一的与会代表，请您谈一谈此次盛会的情况。

赵德发（以下简称赵）：谢谢。自1996年以来，这是我第四次参加全国作代会。大会于11月22日开幕，中共中央九常委全部出席，这充分体现了党和国家对文艺事业的关心和重视。胡锦涛总书记发表了重要讲话，我认为，这个讲话是对十七届六中全会精神的深刻阐释，是指导全国文艺事业发展的一份纲领性文件。胡锦涛总书记向广大文艺工作者提出了四点希望，言之谆谆，情深意切，让我们深受感动。

开幕式结束之后，中国文学艺术界联合会全国代表大会（简称文代会）、作代会分别举行了一系列的大会小会，代表们听取了文联、作协领导班子的工作报告，讨论了当前全国文艺创作的形势和我们面临的使命与任务。大家认为，在九次文代会、八次作代会之后，我国文学艺术事业肯定会出现一个更加欣欣向荣的局面。我觉得，党的好政策，文艺发展的优良形势，给了我们非常好的客观条件。但是，作家、艺术家发挥主观能动性也非常重要。古语讲"天雨虽宽，不润无根之草"，身为一位作家，一定要舒展根须，深入大地，充分吸收时代给予的水分和营养，这样才能使文学之花开得更加灿烂。

记者：这次作代会上，您当选为中国作协全委会委员，在此向您表示祝贺。

赵：这次全国文代会、作代会都进行了换届选举，新一届领导机构产生。作代会代表选出了166位委员，加上各团体会员的负责人，全国委员会共210位。山东一共4位，分别是张炜、李敏、李掖平、赵德发。李掖平和我是新当选的。全委会选举产生之后，召开了文联、作协两个全委会委员大会，李长春、刘云山、刘延东等国家领导人接见了全体委员，并合影留念。李长春在讲话中对大家提出了殷切期望。我觉得，当选中国作协全委会委员，与其说是对我创作成绩的认可，不如说是我被赋予了更重的责任。我应该认清自己的使命与担当，更加努力地学习、创作，拿出更多、更好的作品来回报读者，回报社会。同时，作为山东省作协副主席之一，作为日照市文联主席、作协主席，我有责任为山东和日照的文化建设贡献一份微薄的力量。

记者：您说过，一部好的长篇是一座寺庙，要有硬件，有软件，最关键的是要营造一个气场。在我的阅读经验中，我觉得您是一个时间的雕刻者，将文学思维的触须深入到波澜壮阔的时代精神中去，所以，大家都关注着您创作的每一步。能否谈一谈您的创作近况？

赵：好的。转眼之间，又到了年底。2011年，是我创作生涯又一个大段落的结束,也是一个新段落的起点。我在20世纪80年代经历了写作初期的练习阶段,后来进入相对成熟的时期,完成了我的代表作"农民三部曲""宗教文化姊妹篇"等七部长篇和大量的中、短篇小说以及散文随笔。也就是在今年年底,我的第七部长篇《乾道坤道》在《中国作家》杂志2011年第11期和第12期全文发表,单行本已与出版社签订了合同。《乾道坤道》是写当代道教文化的存在形态,刻画一个当代道士群体,表现中国道教在今天的际遇与嬗变,思考有关生命、宇宙、宗教与科学的诸多问题,探讨道教文化在新世纪人类文明进程中应有的作用。

回想我30多年来的创作生涯,感慨良多。我30岁之前没有任何文凭,一步步成长为一个作家,这里面有我个人奋斗的成分,更主要的原因,是这个时代为我提供了良好的创作条件。我感恩于时代的润泽,感恩于组织的关怀,感恩于亲朋的支持,这一切都让我没齿不忘。

今年,《文学界》和《时代文学》两家杂志社先后联系我,分别为我做了专辑,这也是关于我创作的两份总结。这两个专辑上各有一篇我的短篇小说,《转运》被《小说月报》2011年第5期转载,《路遥何日还乡》被2011年11期《小说月报》和《中华文学选刊》转载,后者还被收入《2011年小说月报精品集》。

记者: 我觉得,您的短篇小说《路遥何日还乡》的思想尤其深刻,有文化反思的品质,蕴含着深深的悲悯情怀。

赵: 对,这是一篇文化反思小说,通过塑造两代刻碑人,反映时代变迁,展现世道人心。一位编辑评价说,"两个刻碑人,一个大时代"。这是近年来自己比较满意的一个短篇。在此要向读者说明的是,小说中的赵洪运和赵德配父子，完全是虚构的，我并没有这样一个堂叔和这样一个堂弟。

记者：我刚读了您以日照为背景写的短篇小说《摇滚七夕》，写的是迷笛音乐节的事，我觉得很多情节就是发生在自己身边的真事。与大部头的"农民三部曲"和"佛道姊妹篇"相比，《摇滚七夕》这个短篇小说给人的感觉很新，没想到您能写出这样充满时代新潮元素的小说。

赵：（笑）我虽然年纪不小了，但还能对一些新生事物葆有好奇之心。日照迷笛海洋音乐节举办期间，我去看过四次，虽然我不可能像乐迷那么激动，可我会站在那里仔细观察。摇滚乐是西方人在20世纪创造的一种文化，传到中国以后，给中国乐坛甚至中国艺术界吹进了新风，注入了非常活跃的文化元素。我就思考，摇滚乐在青年人之中如此风靡，自有其深刻的社会心理原因。摇滚乐那种激烈狂放的表达方式，向死而生的人生态度，在许多青年人那里引发了共鸣，所以乐迷众多。日照虽然城市规模不大，但也成功地举办了这次音乐节，让我们这个城市在2011年的夏天里活力四射、动感十足，增加了许多时尚、前卫的时代元素。我觉得这是一个很好的举措。通过这个音乐节的举办，让全国众多乐迷，甚至是不喜欢摇滚乐的人们，也将目光投向了黄海之滨的这个美丽城市。

以日照为背景写一篇小说，一直是我的愿望，而迷笛音乐节的举办，恰恰给我提供了机会。摇滚、七夕、台风"梅花"，三大元素恰巧凑在了一起，这太好了，能有一种很别致的效果。七夕那天晚上，我就在太阳广场的"唐舞台"下面一直观看。但这时没打算马上写，因为我正做着下一部长篇小说的准备。到了音乐节的最后一个晚上,我看见乐迷恋恋不舍地打出横幅"迷笛,明年再来",突然有了一种强烈的冲动,想要把这篇作品尽快完成。一个星期后,小说脱稿了。

记者: 请问,您下一步有什么创作计划?

赵: 从今年夏天开始,我在修改《乾道坤道》的间隙,一直在准备着下一部长篇,多次外出采访,也在读相关的资料。打算从一个较为独特的经济领域下笔,展示社会变化,针砭人性痼疾。过了元旦我就开工,大约用一年的时间完成。

记者: 相信这会是您的新一部长篇力作,我们期待着能够早日读到。

赵: 谢谢!我会努力的。

2011 年 12 月 3 日《日照日报》

让写作贴近中国文化之根

记者（《齐鲁晚报》记者师文静）：《乾道坤道》的后记中，您说为了写这部小说，去过许多道观采访。道教在中国的现况如何？在您深入道观多面接触道士之时，道教带给您最大的感触是什么？真正的道士是什么样子的？对于写这部小说来说，深入道观实地考察和访问，与藏身书屋分析资料，哪个更重要？

赵德发（以下简称赵）：实话实说，在当代中国，虽然道家学说在思想界、文化界还有很大影响，但是奉老子为教主的道教并不兴盛。《乾道坤道》杀青时，我写了一首七律，其中"白云漫漶仙家渺，碧草葳蕤古观寒"两句，表达了我对道教现状的感受。我接触的道士，可谓形形色色，有的崇道敬德、认真修行，也有的信仰缺失、注重物质利益。我觉得，采访比读书更为重要，你不去道观，就很难了解道士们的宗教生活与所思所想。

记者：在您的考察中，有没有接触到所谓的道教的"贵族化"复兴？是否当下的"贵族们"真的在潜心修习道家思想？道教的修士们都以什么人为主？道教这种传统文化真的需要复兴吗？还是它本身就在按自身的规律客观发展？

赵：当今，道教文化越来越被一些名人、"贵族"所接受，所奉行，这是事实。这与"简朴生活""慢生活"的提倡有关系。我没直接接触过这些名人，但是我去一些道观采访，经常听道士说有哪些名人到过山上。在天台山，我见过一座道院，门户紧闭，里面并不是出家道士，而是一些俗人在里面清修。他们多是企业家，在商场上打拼累了，到那里住上一段时间，抱朴见素，调理身心。所以，我在《乾道坤道》的最后一章写到，北京一些商界精英经常到琼顶山小住几天，觉得身轻心安，是难得的享受。我不敢说，当今必须复兴道教文化，但在中华民族伟大的文化复兴中，道家学说和道教文化应有其重要的位置，因为它承载了很多有益的成分。

记者：《乾道坤道》中，您几乎涉及道教当下存在的各种状况，石高静这个人物身上应该集中了您对道教文化的参悟。如果具体到道教的修行，像石高静这样潜心、虔诚的道教人士在现实中多不多？这个人物形象您在构思的时候，是不是就要写透他的完美性？这个人是否太完美？

赵：石高静道长是这部小说的主人公，是我精心塑造的一个人物。我觉得，这样的道士代表了道教的方向与希望，所以就将他写得较为完美，有些理想化了。不过，在道教界，有学养、有修为的人并不少，以我肤浅的文笔，尚不能将他们予以真切的表现。

记者：在您的小说中，道教的神奇之处，在书的开头就紧紧抓住读者，那就是应高虚所表演的心电图成直线。石高静在琼顶山希夷台修炼的过程中，您通过对其多种遭遇的描写，将您理解的道教给人的那种天人合一、那种神奇感写得淋漓尽致。您遍访过这么多道家人物，了解了他们的故事,在写作上,如何把握道教的虚与实?写道教这部虚构的小说,您有没有做到"客观"描述道教?

赵:测心电图测出直线,这是我在采访中听说的。20世纪80年代,南方有一位老道士当众做过这种表演。南怀瑾先生在他的《我看〈参同契〉》一书中也讲到,修炼到一定程度,可以人为地控制自己,做到"气住脉停"。天人合一,是中国古人的一个重要理念,被道家格外推崇。息影山林,自在逍遥,天地与我同在,万物与我为一,这是许多出家道人追求的境界。所以,我写石道长在希夷台闭关,就要极力营造那个境界,渲染那种氛围。在百家学说中,道家最为浪漫,道士生活更具浪漫色彩,我写《乾道坤道》,当然要虚实并举,不能过于"客观",不能全部采用写实手法。

记者:在小说中,石高静是专攻遗传学的生物学家,您将人的遗传密码与道家的强身治病放在一个人物的身上,发生在一个故事里,是不是有意为之?

赵:你猜对了。将一位参与人类基因测序的生物学家与一位道教徒合成一人来写,是我有意为之。要看到,"道"无处不在,其大无外,其小无内,甚至在人类染色体的 DNA 遗传物质里也有体现。石高静的家族有遗传病史,几代男人都活不过 50 岁。然而他通过闭关修炼,让身体好了起来,成功地跨过了 50 岁大坎儿。我把科学与宗教放在一起写,难度很大,但我觉得能够自圆其说。小说写出后,我发给美国一位搞基因研究的华人青年科学家看,他说,基因的活性是可以在不改变序列的情况下被调控的,这种现象被称为表观遗传学。石高静通过改变后天生活习惯,推迟发病时间,是完全可能的。

记者:"我命在我不在天"被认为是您这部小说的主题,也是石高静生命过程的概括。往往看似简单的问题,却被大众所忽视。"我命在我不在天"对于人类应该有所启示。

赵：中国有句古话："生死有命，富贵在天。"遗传学问世后，也有许多人认为，人的一生，在很大程度上被自身携带的遗传基因所决定，DNA的30亿碱基对，就是人的命运编码。而在全真道士中间，一直传颂着这样一句高道名言："我命在我不在天。"意思是，通过主动而刻苦的修炼，人是能够改变命运，实现长生久视的。这种积极的人生态度，对于我们每个人的养生保健，甚至是事业的完成，都有一定的激励作用。

记者：从《君子梦》到《双手合十》再到《乾道坤道》，您的写作是顺理成章的。但是，好像在中国当下，儒、释、道互通却又能将其通俗化进行传播的学者、作家并不多，而您完成了三部曲这个系统工作。在您的写作中，您觉得儒、释、道这三种重要的传统文化之间能否互通？对于当下社会来说，我们为什么要关注传统宗教文化？

赵：儒、释、道，是中国传统文化的三个重要组成部分。它们之间有过冲突，尤其是佛教刚刚传入中国的时候。但后来经过磨合，各方都发现三家文化中有相通的地方，于是就出现了借鉴与交融，甚至催生了三教合一的文化潮流。我前段时间写了一篇散文《在三教堂酿一缸酒》，专讲这方面的内容。我在文章中这样说：良心，良知，是三教的最大公约数。在当下社会，关注传统文化很有必要，因为那里面有太多值得我们传承的好东西。抛弃了它们，物质主义和拜金主义会更加喧嚣，人们的幸福感也会进一步减弱。

记者：提到宗教，普通人关注更多的可能是它的功利性，如风水学、命相学等，若非真正的虔诚者，很难像石高静那样执着于其本真的东西。您小说也写了卢美人这样一个道教中的实用主义者。信仰宗教与利用宗教同时存在，该如何保持一个界限？或者说，探寻高深的宗教教义的最终目的就是"实用主义"吗？应该怎么来运用道教才不会浮于表面？

赵：宗教本来关注的是一些形而上的内容，但在当今中国，一些人求神拜佛，就是为了升官发财保平安，出于功利目的。普度众生，济世利民，是宗教徒的抱负，在实现抱负的过程中免不了要满足一些俗众的"需求"。但我认为，引导人们思考一些终极问题，扬善止恶，净化人心，这是更为重要的。

记者：从佛教到道教，您小说的主题距离中国传统文化非常近，而且直接描述宗教，这在当下的作家中是比较少见的。将写作定位于传统文化的初衷是怎么来的？是不是在写《君子梦》的时候，儒、释、道三部曲您就已经规划好了？之前您也写过多部农村题材的作品，从写自己熟悉的土地转变为写一种看不见、摸不着的宗教题材小说，首先您的心理要经历怎样的转变？农村题材和宗教题材，这两种看似不相关的主题，对您来说，有何内在的一致性？

赵：《君子梦》一书，是"农民三部曲"的第二部，主题是农民与道德，表现了儒家文化在百年农村的传承流变。老族长许正芝对于"修齐治平"的推崇与实践，是很有代表性的。我甚至写到了孔府，写到了末代"衍圣公"孔德成的老师。那时我对自己的要求是：贴近中国文化之根去写。但是，当初并没想到要写宗教，是完成了"农民三部曲"，才有了写当代汉传佛教的念头。我用四年时间完成《双手合十》，而后又用四年完成了《乾道坤道》。写这两部书的时候，"让写作贴近中国文化之根"的意识更加明晰。从写农村到写宗教，对我来说是一个重大转折，这是从经验之内的写作走向了经验之外的写作。要通过读书去掌握佛家与道家学说，通过采访去了解出家人的宗教生活。最重要的，还是要在"情怀"二字上下功夫。你可以不认同教徒们的信仰，但是你一定要具备宗教文化中那种特有的悲悯情怀。你要充分认识人世间的苦难，思考人类的问题与出路，让作品释放出善意与良知，让读者受到心灵上的抚慰。农村题材和宗教题材，这两个领域看似不相关，但还有内在的一致性。这个一致性，就是对人的关注。写人生、写人心，是作家的首要任务。

记者：看过一篇对您从文之路有详细描写的文章，深深为您对文学的执着所感动。鲁迅弃医从文，您当年是弃官从文，真正走向文学之路后才不再焦虑。您已年过半百，都说文学也是条不归路，现在怎么回头看您当时立志从文的选择？写作的人快乐吗？

赵：我怎么能跟鲁迅相比。我是弃官从文，但我那个官连个芝麻官都算不上。不过，在家乡父老眼里，一个没上几天学的庄户孩子，30岁就干到了县委组织部副部长，是很有"前途"的。但那时我已经迷上了写作，不可救药，觉得今生今世的目标只有一个：当作家。所以，两年后山东大学招收作家班，我就不顾亲友们的强烈反对毅然报考，从此开始了追梦的路程。我在这条路上走了20多年，现在回头去看当年的抉择，依然不悔。非但不悔，还庆幸自己能够走出人生的那一步险棋。来世上匆匆一遭，能够从事自己喜欢的职业，从这个意义上来说，我觉得快乐。当然，也有痛苦，那是在我眼高手低、笔力不逮的时候；在我盘点作品，发觉精品太少、次品太多的时候。好在，我虽然年近花甲，但是似乎还能写下去，余生继续努力吧。

谢谢你的采访。

2012 年 10 月 27 日《齐鲁晚报》

关于《乾道坤道》的对话

许加强（《黄海晨刊》副总编、日照市文艺评论家协会主席，以下简称许）：赵主席您好！您的长篇小说《乾道坤道》去年在《中国作家》第11、12两期全文发表，单行本现在由长江文艺出版社出版。请谈谈这本书的创作缘起好吗？

赵德发（以下简称赵）：2006年秋天我去五莲县九仙山游览，认识了一位道长。得知我在写反映当代汉传佛教的《双手合十》，他说，建议你也写一写道教。他的建议，让我怦然心动。因为，在传统文化中获得创作资源，用长篇小说表现传统文化在今天的存在状态，是我多年来的追求。《君子梦》反映了儒家文化近百年来在农村的传承流变，《双手合十》描写的是当代汉传佛教文化景观，再写一部当代道教题材的，我对中国传统文化的三大支柱就都有所表现了。于是，《双手合十》出版后我进山与他长谈，了解了玄门内的许多事情。后来，我写过组诗《九仙山三吟》，其中的《访道》云："前年问道九仙观，为

著新书始探玄。再会融融春日里，犹思那夜月光寒。"那一夜的皎洁月光，铺下了我对道教文化的参访之路，我写作生涯中的又一个阶段开始了。

许：您采访道教文化，去过哪些地方？收获如何？

赵：北京的白云观我去过几次，曾拜访过中国道教学院的教务长；我在崂山太清宫观摩有几十位道长参加的早课，真切感受过那里的强烈气场；在杭州的玉皇顶，浙江道教协会会长向我讲述"医道同源"；在泰山斗姆宫，两位中年坤道向我介绍神秘的"女丹"修炼……总之，我走过许多"洞天福地"，领教了无量妙道玄理。尤其是，我在浙江天台山遇见了一位张道长，他的经历和修为让我惊奇，让我的这部作品一下子立起了骨架。

许：小说中的石高静道长，就是以他为原型塑造的吧？

赵：对。我本来的计划是，这部书的主人公是一位坤道，也就是女道士，然而遇到他以后，我觉得只有像张道长这样的中年乾道做主人公，才负载得起这部书应有的文化分量。这位张道长，是"海归道士""博士道士"，曾在美国居留13年。他当年拜南宗传人为师开始修真，去美国获得博士学位后，一边开公司一边办道院。2000年他师兄（一位女道士）去美国传道突然羽化，他将师兄的遗骸送回国内，应当地政府的挽留，从此住持天台山桐柏宫。这些，成为小说开头的主要情节。但是，张道长在美国是学计算机的，我却让他参与了20世纪全球三大工程之一——人类基因组测序。不过，小说中石高静回国后的那些事情，多是由我虚构而成。

许：小说中的石道长，给人留下了深刻印象。他有家族病史，几代男性前辈都活不过50岁,他为了寻找致病基因,才参与了人类基因组测序。然而,他没找出自己的致病基因,却在回国后通过闭关修炼让身体改善,摆脱了笼罩于他家族的死亡阴影。这个情节真的有点儿"玄",您为何要这样写?您觉得这种结果可信吗?

赵:中国古人有个非常流行的说法,叫作"以儒治世,以佛治心,以道治身"。为什么说"以道治身"?就是因为道教文化珍视生命,有许许多多强身健体的方法,譬如说"性命双修"。道教高人对于这一套很自信,宣称"我命在我不在天"。对这些,我以前也是不大相信,但我十几年前写作过劳,身体很差,在朋友的劝说下习练一种道家气功,收效甚好,这才明白道教文化中藏有许多瑰宝。

许:您的《乾道坤道》,将科学与宗教放到一起考量,让这部小说显得不同凡响。像第三章开头那一段:"石高静每次走到树立在迈阿密大学人类基因研究中心面前的DNA模型旁边时,都会想起老子的这一段话。他想,两千五百年前的老子,到底长了怎样的慧眼,竟然把宏观宇宙和微观宇宙看得这么透彻,描述得这么传神?是呵,自然大道,从初始化的本一阶段开始,而后成二,成三,产生天地万物的不同级次,形成大道包容下的千差万别,而其中的'精','精'中的'信',大概就体现在这个奇妙的DNA双螺旋结构上。"借用老子的目光去打量生命的本质,发人深思。我们日照十年前出过一个神童,叫卞迁,从日照一中考进中国科技大学少年班,听说后来去了美国,从事基因科学研究⋯⋯

赵:对,我与他的父亲挺熟,卞迁回国时我们见过面。他在美国正搞着基因科学,而且专门研究致病基因。《乾道坤道》初稿写出之后,我发给了卞迁,让他给把把关,看这么写是否成立。卞迁看后回信说:"里面关于基因组计划以及相关的事实都写得很清楚,没有什么错误。""大多数的疾病的成因是由于后天因素导致的基因活动变化。""疾病的诱发并不一定需要基因序列的改变。事实上,基因的活性是可以在不改变序列的情况下被调控的,这种现象被称为表观遗传学。"所以,我对小说中的有关描写,很有自信。

许:以前在一些小说和影视作品中的道士形象都不太令人尊敬,像披发仗剑,画符念咒,装神弄鬼,骗人钱财等。而您笔下的道士,除了那个依附权贵破坏道风的卢高极,多是正信正行。神机妙算的江道长,以睡觉为修行手段的老睡仙,抱病编纂《中华道藏》的左道长,苦修苦行的沈嗣洁,美丽聪慧的阿暖,率真自然的"洋坤道"露西,等等,都让人过目不忘。尤其是石高静道长,有追求,有修为,而且抱负很大。他提出,要"明乾坤大道,过自然生活,保人类健康,让地球长生",让人肃然起敬。

赵:道家学说和道教理念,有许多内容值得我们今天进一步发扬光大。譬如说,天人合一,抱朴见素,自然无为,柔弱不争,等等,都体现着天地精神和宇宙规则。尤其是"自然"二字,应该成为指导今天人类活动的一个重要理念。放眼全球,人类的活动越来越不"自然",越来越"不知常,妄作",这么继续下去,很危险。

许:在书中,我读到了您的深广忧思,也明白您的良苦用心。在《乾道坤道》这部书里,您对道教基本上是持肯定态度的。请问,您对鲁迅先生的那句名言,"中国的根柢全在道教",是如何理解的?

赵:这句话,是鲁迅先生 1918 年 8 月 20 日给许寿裳的信中说的:

"前曾言中国的根柢全在道教，此说近颇流行。以此读史，有多种问题可迎刃而解。"对这句话，宗教界与学术界历来有不同解释，有人说，是肯定道教；有人说，是否定道教。我的理解是，道教是中国土生土长的宗教，道教文化汇集了中华民族的许多传统思想文化，对中华民族共同的心理素质、文化气质乃至民族性格的发展形成都产生了极大的影响，有正面的，也有负面的。虽然自宋代以后，道教就走向了衰落，但时至今日，道教文化的许多因子都还保留着，还在影响着我们的生活，这就是所谓的"百姓日用而不知"。我们今天对于这些传统文化的传承，当然要取其精华，弃其糟粕。最近，山西大学教授、著名评论家王春林先生撰文说："鲁迅当年说这话，是站在启蒙立场上的；而赵德发对于道教文化的肯定和张目，是因为当今文化保守主义抬头。"这个分析是对的。自新文化运动提出"打倒孔家店"的口号，到"文化大革命"中的"破四旧""批林批孔"，我们的文化家业差不多被糟蹋光了，今天还不守护，更待何时？我2009年秋天去德国，看到电视新闻上出现默克尔的同时，还往往出现一个类似中国太极图那样的图标，问过翻译才明白，他们是借用太极图来表现参加大选的两党联盟是个团结和谐的共同体。在一个城市的市政广场，我还亲眼见到德国人用石块拼成的太极图。原来，《道德经》在德国有很大影响力，每年那里都要举行国际老子研讨会。到目前，《道德经》的德文译本达80多种，研究老子思想的专著也达700多种。有一家电视台前几年搞的一项调查表明，老子是德国人心中"最知名的中国人"，每四个德国人家里就藏有一本《道德经》。比比他们，我们真是中华文化先祖的不肖子孙！

许：所以，当今一些有识之士在大力呼吁文化重建。

赵：很有必要，非常必要。在这个文化重建的宏伟工程中，道家学说与道教文化应该是必不可少的建筑构件。

许：您用《君子梦》《双手合十》《乾道坤道》三部作品，全景式地反映了当代儒、释、道文化的存在形态，而且都保持了较高的艺术水准，在中国当代长篇小说领域可谓独树一帜。

赵：2009年春天，北京大学"我们文学社"请我去讲创作，我阐述了我的思考与追求，讲我为何要写这三部长篇，题目叫《让写作回到根上》。我说，我才疏学浅，为中华文化新大厦的建设添不了砖，加不了瓦，就用自己的作品做些呼吁吧。

许：相信读过您这几本书的人，会注意到您的呼吁，会对中华民族的文化重建有所思考。

赵：但愿还能有所行动。谢谢！

2012年11月20日《作家报》

审视全球化情势下的价值观位移

《嫁给鬼子》是著名文学评论家施战军主编、重庆出版社出版的"大地之魂"书系中的一部。"大地之魂"书系包括陈忠实《霞光灿烂的早晨》、刘醒龙《燕子红》、张炜《九月寓言》、李锐《万里无云》、艾伟《爱人同志》、赵德发《嫁给鬼子》——每一部都是国内一流作家的代表性作品。

小说好看,要做到情节抓人,人物生动,内涵深刻,读后还能让人再三回味。赵德发的《嫁给鬼子》做到了这一点,施战军评价《嫁给鬼子》是中国最好看的小说之一。

《嫁给鬼子》中的女主人公高秀燕是有爱情幻想的女人,梦想靠爱情来改变自己的命运,想过富裕的日子而不惜抛弃相爱多年的爱人,最终却被日本人欺骗。在这部小说中,赵德发对当前城乡一体化进程中金钱至上、物欲横流的思想进行了批判和反思:"现实生活中,'高秀燕'为数不少。在山东沿海地区,去日本、韩国打工的人很多,因之而生的

跨国婚姻也有很多。而且,绝大多数是中国女孩嫁给日本、韩国男人。对她们的选择,我们不能只是站在道德制高点上去点评,甚至指责……我对高秀燕是同情、理解,又为她感到悲哀。"

《嫁给鬼子》 故事是有原型的

记者(《燕赵都市报》记者宋燕 侯莎莎):源于什么事情让您想写《嫁给鬼子》?这个故事在生活中有原型吗?

赵德发(以下简称赵):这个故事是有原型的。几年前我听一位朋友讲,日照当地一个农村女孩去日本做"研修生"(实质上是打工),期满回来,正准备和定亲多年的男朋友结婚,却接到了一个日本人的电话。那人是姑娘所在工厂的工头,中年丧偶,他在电话里说,想娶她为妻。姑娘起初不愿意,但经不住日本人的诱惑和一些亲友的劝说,终于狠下心与男朋友分手。这件事引起轩然大波,但姑娘决心已定,就一边操练日语一边等着日本人来带她走。等到日本人真的来了,却带走了姑娘的一位工友。原来,那个日本人用电话联系了好几个女孩,来中国后从中挑选了一个。这件事情,让我心情很沉重,同时也让我思考和审视全球化情势下农村青年的价值观位移这一现象。过了一段时间,我将现实故事稍加改造,写成了《嫁给鬼子》。

记者:您在作品最后写高秀燕看到飞机从菟丝岭飞过,她"鼻子一酸,将脸猛地捂住,急急跑到屋里去了"。想表达一种什么感情?

赵:这时高秀燕的感情肯定复杂得很。当年她坐飞机去日本打工,见识了那里的富足。回来后,池田打电话要带她再赴东洋,结果经历了情感与人际关系的惊涛骇浪,最后却是另一个姑娘跟着池田上了飞机。伤心、后悔、羞惭、对"鬼子"的仇恨、对男友的歉疚……应该是一齐涌上她的心头。

记者:得知吴洪委几个晚上一直在电话亭等候,高秀燕心软了,但她说:"人一生中都有关键几步,我在这关键时刻,绝不能拖泥带水。"您觉得,人的关键时刻是什么时候?又怎么走过去?

赵:我觉得,人生的关键时刻有好多种,譬如说,选什么样的职业,找什么样的配偶,面对严重诱惑时决定取舍,在危急时刻做出生死抉择,等等。这些时刻,往往是人生的分水岭,走不好就会让人生出现截然不同的续篇或者结局。然而,这一步到底怎么走,谁也提供不了标准答案。我们可以说,要理智;可以说,要坚持正确的"三观"。但是具体到每一个人,会有各种各样的选择,因为人性复杂,造化弄人。我们只能说,在这个关键时刻,应该不要越过人生底线。这个底线,与法律条文大体一致。

现实生活中,"高秀燕"为数不少

记者:像高秀燕这样的人在现实生活中多吗?您对这个人物寄予怎样的情感?

赵:现实生活中,"高秀燕"为数不少。在山东沿海地区,去日本、韩国打工的人很多,因之而生的跨国婚姻也有很多。而且,绝大多数是中国女孩嫁给日本、韩国男人。对她们的选择,我们不能只是站在道德制高点上去点评,甚至指责,尤其是对那些嫁到日本的女孩,更不能像砸日本汽车那样将她们当作"女汉奸"处理。她们可能为了这份跨国婚姻而背信弃义,但她们的动机只是想摆脱贫困走向富足。让高秀燕和那些生活在贫穷家庭的女孩,面对国外生活水准给她们带来的诱惑心如止水,那不大可能。人往高处走,水往低处流,这是自然与社会的普遍法则。不然,我们今天也不会致力于资本引进和劳务输出,我们的边防军人也不用天天睁大眼睛去抓"人蛇"和偷渡客。所以,我对高秀燕是同情、理解,又为她感到悲哀。无独有偶,我最近写了一篇小说《下一波潮水》,讲述中国女人乔燕与一个韩国老男人的跨国恋情,发在《十月》上,《小说月报》第三期转载,有兴趣的朋友可以看看。

记者:文中马玉枝可以说是整个事件的促成者,是她让高秀燕嫁鬼子,也是她用钱解决了嫁鬼子路上的障碍,曲解市场规律,认为良心也可以用市场经济手段表现,您觉得这是农民从封闭走向市场必经的磨合和尝试吗?

赵:马玉枝的逻辑,就是市场经济的逻辑。"金钱万能",这已经被许多人奉为法宝,在实际操作中屡试不爽。但是,金钱所向披靡,良心却在颤抖,这就是当今让人焦虑不安的现实。不过,良知作为一个社会的正能量,也不会轻而易举地消失殆尽,我们依然能在生活中感受到它,并被其温暖。

记者:当吴洪委问高秀燕是不是喜欢鬼子时,高秀燕回答说:也难说中意不中意,只是觉得,跟他生活可能更,更……他们的爱情故事也算是现实打败爱情,隐婚、裸婚、蜗居都反映了爱情屈从于柴米油盐,您怎么看待这种现象?

赵:"爱情"二字听起来很美,却很难经得起现实生活的磨砺。

柴米油盐、鸡毛蒜皮就够"祛魅"的了，更遑论能榨干你血汗的房贷，能烦死你的职场。好在，人类还有一个优点，讲究"责任"二字。所以，不管是裸婚还是隐婚，多数婚姻还能持续下去，婚内之人昏昏然有之，陶陶然有之。蜗居里的恩爱夫妻也有好多，一抓一大把，那些妻子们并不都像电视剧中的海藻那样为了住大房子而去攀附权贵。

记者：我阅读您的《嫁给鬼子》，会把高秀燕和马玉枝做比较，马玉枝年轻时候看上冈的肌肉，人到中年又嫌弃他没能力，不能让自己过上好日子，而自己当初看不上的人现在当了局长，给老婆和孩子优越的生活。现在吴也只是月薪五百的花工，年轻有力量，但不够成功，比不上池田。哪怕到现在，根植在有些女性心中的观念还是干得好不如嫁得好，有个别年轻女孩把傍大款当作人生的捷径，对此，您想对这样的女孩说什么？

赵：干得好不如嫁得好，但是，嫁得好不等于一辈子好。作为女性，还是要讲究自强自立。"宁愿坐在宝马车里哭"（某相亲节目的一位女嘉宾语录），那个滋味不一定好受。

记者：施战军评价《嫁给鬼子》是中国最好看的小说之一，您认为小说好看的标准是什么？

赵：我认为小说好看的标准，是情节"抓人"，人物生动，内涵深刻，读后还能让人回味再三。

记者：您最近在读什么作品？请简要推荐给读者。

赵：在读两本书，一本《自私的基因》，英国人理查德·道金斯著。我写长篇小说《乾道坤道》时，因为写作需要，读过几本基因科学著作，但这一本没读。此书内容如题，讲生物基因的自私本性。这与

荀子的"性恶论"异曲同工,让人类审视自身时多了一个视角。另一本是《全球脑》,杨友三著。全球脑,主要由生物神经网络和数字神经网络共同组成。全球脑思想,可以简洁地概括为:地球是一个脑,每个人是一个神经元。读这样的论著,让人眼界开阔。

我是农民的儿子,必然要把农民作为描写对象

记者:您的代表作"农民三部曲":《缱绻与决绝》《君子梦》《青烟或白雾》,为什么把主题定位在农民身上?想通过作品表达什么?

赵:因为我是农民的儿子,我在土地上长大成人,所以,我在走上文学之路后,必然要把农民作为描写对象。但我又不愿沿袭前辈作家的路子,想写出新意,并且注入我的思考。读过这三部作品的朋友会看到,在《缱绻与决绝》中,中国农民百年来的足迹是怎样沉重,历次大变革给农民命运带来了哪些变化,我要让作品尽可能地接近历史的真相与本质。在《君子梦》中,会看到儒家文化在20世纪的农村,是什么样的形态,发生了哪些流变。在《青烟或白雾》中,会看到做官情结与清官文化在农民头脑中的根深蒂固,看到民主政治在当今农村的步履维艰。

记者:是怎样的机缘使您写下"宗教文化姊妹篇"《双手合十》《乾道坤道》?

赵:写作这两部书,似乎是我的宿命。在这之前,我的"佛缘""道缘"很浅,庙进了不少,但都是作为游客,走马观花。2003年秋天,我突然接到日照五莲山光明寺住持觉照法师让一位居士捎来的口

信，让我上山一趟，讨论如何发掘五莲山佛教文化。我为了能与法师说话，"临时抱佛脚"，从书架上取下一本佛教书看。看着看着，一个念头迸发出来：我要写一本反映当代汉传佛教的小说。于是，我就开始了读书与采访，经过三四年的努力，终于写出了《双手合十》。小说在《中国作家》发表后，一个道士看了说好，建议我再写写道教，这样，又促成了《乾道坤道》的问世。

记者：您的下一部作品是什么？

赵：两部宗教文化小说，写的多是出世之人，有点儿凌空蹈虚。下一部作品要向现实回归——从前年开始，我关注中国大蒜市场，做了大量采访，现在正写着一部纪实文学《白老虎》。为何起这么个名字？因为生产和经营大蒜的人，常常把大蒜叫作"白老虎"。这个"白老虎"会吃人。为何吃人？吃了多少？这书出版后，敬请朋友们关注。

2013 年 4 月 14 日《燕赵都市报》

人类世： 警钟敲响于此刻安眠

2016年7月，山东省作家协会副主席、著名作家赵德发长篇小说《人类世》出版，引起较大反响。《长篇小说选刊》转载这部小说时，在推荐语中写道："《人类世》从大处着眼，关心人类的命运和世界的未来，同时又在宗教和哲学的引导下，探究人性的幽微之处以及人类获得救赎的可能。"

在地质历史学界，"人类世"是一个全新的概念。它一方面指向人类的雄心勃勃，对世界的改造形成了新的地质现象；一方面指向人类的贪婪，对地球犯下的罪恶。

赵德发说："'人类世'这个概念，绝不止于地质学上的意义，对于哲学、人类学、社会学、宗教学、政治学、经济学等，它都是一个亟待重视的课题。"

警钟敲响，此刻安眠。人类并非地球的主人，而是过客。人类倚仗宏大的造物能力，不断拓展生存空间的同时，也在自我毁灭。在这个意义上,能够拯救人类的,并非只有宗教,更有人类自己。

教授焦石与作家赵德发的人类想象

关于"人类世",其命名缘由如下:

2000年,诺贝尔化学奖得主、荷兰科学家保罗·克鲁岑提出"人类世"的概念。2011年5月,20名诺贝尔奖得主向联合国提交了《斯德哥尔摩备忘录》,建议将人类现在所处的地质年代改为"人类世"。

今年年初,英国、美国、法国等13国的科学家联合研究的成果《人类世在功能与地层方面有别于全新世》问世,众多证据表明,人类对地球的影响已经形成了新的地质时代——人类世。文章确定了核武器、化石燃料、新材料、地层改变、肥料、全球变暖和生物灭绝代表人类世开始的七个主要标志。

地质历史学上,将地球46亿年的历史分成两个部分:隐生宙和显生宙。显生宙划分出古生代、中生代和新生代。新生代包括第三纪和第四纪。第四纪是约260万年前开始的,是现代动植物活动的时期,分为更新世和全新世。我们所处的全新世,来临于1.14万年前最近的一个冰川期结束。

以克鲁岑为代表的科学家认为,从18世纪末期的工业革命开始,人类活动作为主要的地质外营力,对地表形态起到深刻作用,对地球环境产生重大影响,使地球演化改变了原有速率。

克鲁岑把人类世的起始地质年代精确定为1784年,以瓦特发明蒸汽机为标志。至于人类世的最后时限,应当是到人类消亡的那一天,这

个时间持续多久，难以估计。

至今，"人类世"的存在与否依旧是地史学界一个颇受争议的话题，但不可否认的是，人类活动对环境的改变正在以加速度的形式存在。

在赵德发的小说中，地质大学教授焦石便持有"人类世"的认同感。焦石带领学生到曾有沂源猿人生活的山洞内，他想到地球的悠久历史，猿人的昙花一现，六万年前从非洲走出的人类，以及他们对地球的改变。一道闪电击中了他的脑门，大脑神经突然短路，在一个点上爆出了灿烂的火花。

这个点，就是"人类世"。

最初想到"人类世"，作家赵德发如同他小说中的焦石教授一样，陷入冥想。地质、历史、人类——"历史的尘埃突然从天而降，欲将我就地掩埋，制作为化石标本……"

他坐起身，额上冷汗涔涔。一部新的小说就在这种冥想中显出雏形。

自然的造物与人类的造物交相辉映，焦石教授带领学生来到沂蒙山区，面对中国第五大地貌——岱崮地貌，心潮澎湃。教授对学生说："你们知道吗？这几十座崮顶连成的平面，就是六千万年前这儿的地平面，再往前推，则是五亿年前的海底。"

沧海变平原，平原变山顶，山间出桑田……直到人类的重新修饰：山间出桃园。

循着焦石教授的脚步，2013年春天，赵德发去济南开会，路上看到"岱崮地貌"和人类的种种造作，"头脑风暴"再次发生。他取出随身带的几张纸,一路走一路记,一直记到泰山脚下。望着那座阅尽人间沧桑的山峰,一篇散文在心中生成,题为《突如其来"人类世"》。

这篇长达一万多字的散文,以"人类世"为背景,写到了寒武纪里的三叶虫熙熙攘攘;侏罗纪里的恐龙吼声震天;中新世里的古猿张牙舞爪;全新世里的人类昂首挺立。还写到了农业学大寨、日照港填海造码头、城中村改造、人类对土石的大规模搬运,以及夜晚地球灯光图,海洋资源的枯竭,化肥、地膜成灾,临朐山旺化石,胶州湾跨海大桥。

赵德发说:"我与书中人物焦石教授是同龄人,现已年届花甲。在世之日无多,千岁之忧尚存。"

长篇小说《人类世》扑面而来。

海晏:人类辉煌的巅峰与深渊

走进小说《人类世》的世界,你会看到一幅辉煌的图景,救赎世界与被世界救赎之间,存在一种怎样的平衡:

黄海之滨的海晏市,城市在崛起,乡村在疯狂,大幕拉开,人类的雄心和脆弱在此处展现。

孙参,1973年出生于中国黄海边的一个小村庄,冥冥中感觉自己就是参孙不屈的灵魂所转世——《圣经》中的大力士参孙,摇动神庙中的两根支柱与敌人同归于尽。孙参高大健硕,留学美国后,怀揣"成功神学"归来,以不当手段挖沙取得第一桶金,开办砼厂,建起三十六层的参孙大厦,在海晏市砸下一枚"金钉子"。

孙参事业的顶峰是他要炸平老姆山,填海造陆,在大海上"立虹为记"，开拓出一片彩虹广场。

他的举动引发一系列连锁反应。佛教居士柳秀婷在老姆山刻经，被他无端打断；地质大学教授焦石准备在山上砸下一枚地质学界的"金钉子"，这将是他学术生涯的巅峰之作，却被孙参摧毁；炸老姆山间接导致了孙参故乡的村子严重震毁。

炸山打开了潘多拉魔盒，一系列变故接踵而至。最终，彩虹广场项目搁浅，孙参锒铛入狱。待他出来，一切梦想化为乌有，他来到原来的彩虹广场工地，"经他垫起的一大片地，已经建成了休闲广场。他让二叔下乡收来的几千个磨盘，被铺成一条宽阔的大道，直达海边。在磨盘大道两侧，则是一些非常前卫的雕塑。"

长篇小说《人类世》，以孙参的活动轨迹为核心，全方位展现了当代社会人在自然面前的欲望存在。孙参以及他的同学郭小莲等人，疯狂攫取；焦石教授、柳秀婷居士以及三教寺内的儒、释、道三家掌门人，则不遗余力去拯救衰败的自然，却最终无能为力。

太平洋上，达纳岛酋长的女儿哈拿，恐惧于全球变暖导致的海平面上升，跟随孙参来到大陆，她要"做千万人的母"。然而，雾霾像魔鬼一样侵袭着哈拿的身体和灵魂，即使和孙参结婚后，她依然要面对大陆人的尔虞我诈，以及孙参精子畸形导致的不育，最终不得不离婚前往新西兰。

临走时，她告诫孙参："你这人有不少长处，但是你的短处更多。你出身低贱，却期求过高。你有些蛮力，但又过分自负。牧师讲的七宗罪，你占了好几条。"这句话，不仅是说的孙参，还有很多人。

孙参母亲王兰叶，一生孤苦，和整个村庄的人一样，痴迷于捡垃圾。她身上附带的人类原始生命力遗传给儿子的同时,更成为普通农民的隐喻。

大学生关亚静,从小跟随父母从三峡移民到了黄河口。奶奶死后回归三峡,却找不到爷爷的墓穴,只得葬身大江。她的父亲去菲律宾打鱼,再也没有回来。这个乐观而不受现实污染的女孩,认同并跟随导师焦石,致力于对人类世的研究。

深爱孙参的秘书田思萱,失恋后每日开卡车去填埋孙参曾经挖出的一个大坑,以替他赎罪。这个现代版的精卫,和小说中那些灵魂的救赎者一样,构成了丛林法则中的异类。

求子心切的孙参,得知自己原来有一个12岁的中美混血儿子,那是新千年他在美国与穆丽儿一夜激情的产物。那个名叫阿姆斯特朗的男孩,要做第一批火星人,"为了给人类探寻新的栖息地,即使牺牲掉一些先驱,也是值得的"。

丧失斗志的孙参不能理解这个男孩的举动,他去机场迎接儿子,却倒在了儿子身影出现的刹那。

一切化为虚妄。

好看与求新:"重口味"视角下的创作追求

赵德发自嘲,这些年写作中的选材,越来越"重口味":"只有新鲜、陌生的题材,才能激发我的创作冲动。"他在进行了多年的农村题材小说,尤其是完成了系列长篇"农民三部曲"之后,转向了宗教文化,写出了《双手合十》《乾道坤道》。休整两年,又将视角对准了整个人类。

延续之前的写作习惯,为了创作这部小说,赵德发做了大量功课。"书中涉及地质历史学和人类学,涉及基督教文化,我要大量读书。因为要写到经济领域,我必须四处采访。"他像真正的地质学家一样去做研究。小说中,焦石教授要给本科生开设"人类世"课程,赵德发竟然为他写出了教学大纲。

他开玩笑称,通过钻研与小说写作,自己"完全可以去大学开一门'人类世'课程"。

小说写作期间,他的母亲刚刚去世,父亲身患重病,他和弟弟妹妹要轮班回去伺候。在老家写作多在凌晨,外面是雄鸡报晓,屋里是父亲打鼾,"我的小说随着院子里花草的生长而生长,我的思绪曾被春日的杨花、夏夜的萤火虫所引领,在蓝天上、在星空中恣意飘飞。"在父亲的鼾声中,在地球46亿年的大背景下写人类世里的故事,那情境让他终生难忘。

这种生活,他是做了长期准备的。2014年底,他请人在老家装了网络宽带,交了两年的费用,然而过了春节才十七天,父亲突然撒手人寰。从那之后,他写《人类世》都在日照,耳边只剩下破窗而入的喧嚣车声了。

小说完成,北京大学一位比较文学硕士读了,给赵德发写信:"我这些年的阅读任性而挑食,养成两大痼疾:一是求新;二是贪玩。所谓求新,就是讲述的一定是我所不知道的故事,或者世界以一种全新的面貌呈现在我眼前,是我以往的学养和认识所不能企及的;所谓贪玩,就是故事有趣味,语言也罢,人物形象也好,都是生动有趣的。您的这部新作完全符合我的阅读要求。"

"好看"和"求新",契合了赵德发的小说追求。

除了对地质史的探索,他越来越感受到了"宗教的能与不能"。《人类世》中,出现了一座三教寺,儒、释、道三家在海晏市的掌门人生活于此,还有以孙参为代表的几位或真或假的基督徒。

三教寺内,木鱼法师每年在观世音菩萨生日这一天,都要从东窗摹写一张城市天际线的图画,持续了 30 年之久。这一天,地震之后,3000 年的银杏古树落叶纷纷,成为不祥之兆的隐喻。第二天,木鱼法师圆寂,生前留下偈言:"东窗日迟迟,天际线森森。犬牙交错处,恰好观世音。"

老法师的消逝,为宗教拯救世界的雄心留下了诸多遗憾。人类在地球上的种种造作,令人瞠目,发人深思。

对话赵德发——人类的伟大与嚣张

宇宙秩序有最终的掌管者

记者(《齐鲁周刊》记者吴永强):生活在"人类世"之中,应当持一种怎样的态度?

赵德发(以下简称赵):地球存在了 46 亿年,直到最近的 200 多年才被人类迅速改变,这显示了人类的伟大,也显示了人类的嚣张。人类在"发展"的大旗下加速度前进,前途究竟如何?我们在享受发展带来的福祉,也在吞咽发展带来的苦果。头脑清醒的人感到担忧,但多数还是得过且过。有的人还振振有词,一再强调"活在当下"。这个说法，某种程度上是对的，但一代一代人只讲"活在当下"，不顾长远，那是很危险的。

记者：《人类世》中，写到了多种宗教。从创作《双手合十》到现在，您的宗教观有何变化？

赵：创作《双手合十》时，虽然我不是佛教徒，但我用类似佛教徒的心态去学习、参访、写作。后来接触了更多的儒、释、道文化，以及西方宗教，对宗教文化有了新的认识。我惊叹于人类创作了这么多的文化形态，对宇宙和世界做出阐释，对人类的精神向度给予引领。这种作用，值得重视。像田思萱与哈拿对孙参的救赎，像柳秀婷对父亲与弟弟的救赎。但是也要看到，面对人类的强大欲望，宗教文化在很多时候是无能为力的。

宗教文化的林林总总，给人类带来光明和希望的同时，也带来了一些麻烦甚至灾难。面对这些，我甚至感叹，人类社会，如果没有宗教也许更好。但是，没有宗教，许多人的生命就失去了意义感，死亡给人们带来的焦虑也难以缓解。

我不是任何一门宗教的教徒，却有宗教情结，但并不认同某些宗教对这个世界的阐释。我到诸城去看恐龙博物馆，面对那些6500万年前的遗迹，我想：佛教讲六道，那时候的"人道"在哪里？也许我慧根太浅，愚痴难破。爱因斯坦不相信人格化的上帝，但他相信宇宙秩序有最终的掌管者。我也有类似的观点。你看，宏观宇宙如此精妙地运行，微观世界的量子之类在不停地躁动，科学定律和基因编码像诗一般迷人，据说还有暗物质像鬼魅一样充斥着宇宙……这是为什么？这一切一切，都让我深深敬畏。

冲动是创作的"神灵"

记者：您如何定义《人类世》这部小说？

赵：我认为，不能简单地将其归类为生态文学。它更多采用了地质历史学和人类学的眼光，在几十亿年苍茫而悠远的背景下写作，审视"人类世"现状，表达对地球未来、人类前途的忧思。《长篇小说选刊》在转载这部作品时，配发了张艳梅女士的评论，题目是《一部关于人类存在的警醒之书》。她下的这个定义，简明而恰切。

记者：阅读这部小说，第一感觉是人物生命力饱满。

赵：在写作过程中，要让人物尽量活灵活现，各有各的生活逻辑、心理逻辑、命运逻辑。做到这些，人物才有"艺术生命力"，让读者记住。

记者：如何理解"创作冲动"的作用？

赵：有句话说，"冲动是魔鬼"。但对于作家来说，"冲动是神灵"。没有冲动，就调动不起来创作激情，而没有激情的创作，只能造出一些蜡人儿、塑料水果。当然，创作冲动袭来，理性也很重要，要做大量准备工作，要做缜密的构思，扎扎实实写好每一个句子。

记者：多年来，您的创作不断求新，是否是开拓小说边界的尝试？

赵：这是我的一种追求。我想不断开拓自己的创作疆域，不限于某一类题材，不故步自封。尽量去写别人没有涉足的领域，提供给读者新鲜的人生经验，不断拓展自己，超越自己。

2016 年 8 月 15 日《齐鲁周刊》

关于《人类世》的对话

许家强（日照文艺评论家协会主席、《黄海晨刊》副总编，以下简称许）：赵主席您好，我年初就注意到，您的长篇新作《人类世》先在《中国作家》第 1 期发表，继而被《长篇小说选刊》第 3 期头题转载，现在我又看到了长江文艺出版社的单行本。我原计划用三个下半夜，来读完这本《人类世》，但真的开始读了，却发现原计划中的阅读进度太快，根本不合适，只好慢下来，用了整整一个星期的凌晨时分，才算彻底通读完这本书。原因很简单，这部书的信息量太大，叙述密度太大，几乎每一个句子都有意义，都有呼应，遗漏任何一个句子，对全书的理解都有可能产生偏差和错失，只好一字一字地去读，个别的句子、段落甚至要反复读上几遍。说实话，这样的情况，在长篇小说中是很罕见的，在我的小说阅读经历中也很罕见，就算是比较赵主席之前的作品（比如《君子梦》《青烟或白雾》，字数与《人类世》相仿，我都是一个通宵读完），也称得上前所未有。全书虽然主线就是彩虹广场的横空出世和终归寂灭，但复线纷繁，古今中外，官民僧俗，人千世界的每一个角落,纳于纸上,几无遗漏,手术刀直达"人类世"的肌理。我不得不怀疑,这部小说是不是一个多卷本的预案,最终却是抽剥脂膏,成了这骨架嶙峋却条理细密的一卷之书,这样的处理是不是对"人类世"这一宏大主题的演绎有些仓促?您是如何处理"人类世"的主题指向与小说情节安排这一关系的?

赵德发(以下简称赵):谢谢你读得如此仔细。想一想你那七天在每天凌晨读《人类世》的情景,我很感动。你怀疑这部小说是不是有一个多卷本的预案,实话实说,没有。创作念头萌动之初,我就是打算写一部三十到四十万字的长篇小说。你觉得这部小说很"骨感"吗?这让我感到意外。你有这种怀疑和感觉,可能与小说主题有关。"人类世",的确宏大,就是写千卷万卷,也不可能穷尽,我的小说只能选取与其相关的一部分有典型意义的人和事去写,剪取"人类世"的一部分图景予以展示。我认为,文艺作品也不一定非要承担阐释题目的任务。你注意到没有?最近有一部纪录片《人间世》,题目也够大的,但拍摄内容只是聚集医患矛盾。你说《人类世》信息量大,叙述密度大,这倒是我有意追求的。在现今的信息时代、快节奏社会,读者的审美需求已经发生了变化,要向他们提供充沛的信息量,而且是让他们感到新鲜而陌生的信息,这样才能调动他们的阅读兴趣。

许:宗教,尤其是有世界影响的几大宗教,是相当神圣的,当年为了写作儒、释、道题材的小说,您曾大量研读宗教典籍,并深入寺院、道观,深入生活,"传统文化小说三种"《君子梦》《双手合十》《乾道坤道》也成为中国文化小说的一座高峰。在《人类世》中,宗教继续占有一席之地。但看您在小说中对儒、释、道的描写,颇有戏谑之处,对基督教的世俗化,也有深刻描述,但宗教本身的纯粹,却绝不因世人的功利而淹没,正如佛教寺庙的旅游景点化,源于非佛者流的熏心利欲,不能视为佛教教义本身的问题。基督教更是如此,包括中国在内的世界上几乎没有哪座基督教堂是出售门票的。同时宗教都是排他的,而在小说中您对"三教合一"似乎持欣赏态度。不知您如何看待宗教,如何看待宗教在当世的存在价值,以及宗教在"人类世"期间(按小说中"人类世"的划分,佛教基督教产生之初,"人类世"尚未开始)应该产生的作用以及应该占有的位置?

赵:宗教文化,是人类文明的重要组成部分,古往今来,影响着无数人的思想方式和生活方式,甚至改变了世界的政治版图。十多年来,我为了写作这类题材的作品,读书,采访,做了一些研究。《君子梦》《双手合十》《乾道坤道》分别反映了儒、释、道文化在当代的存在形态。《人类世》中,有三教寺,有基督教,但小说的主旨并不是反映宗教文化,只是将其作为这个时代的文化现象来表现,并用来塑造人物。

按照本义来看,宗教应该是神圣的,脱俗的,但宗教文化的创造者是人,信奉者也是人,因而就不可避免地产生世俗化的倾向。我的小说中有些地方似有戏谑,但我戏谑的不是教主,不是宗教本身,而是某些思想与行为走偏了的信徒。

宗教不都是排他的,起码在中国的几大宗教不是这样。儒、道两家,从来都是互补的。佛教传入中国之后,与本土宗教有过冲突,但很快与其融合,完成了本土化的进程,禅宗的出现就是辉煌的例证。王重阳认为,儒、释、道的核心都是"道"。"儒门释户道相通,三教从来一祖风",所以他继承三家精华,创立了全真道。明、清两代,还有"三一教"盛行,至今在海外华人中还有好多信徒。对中国的"三教合一",我持欣赏态度。我想,如果世界上的其他宗教都能有这样的包容态度,将信奉其他宗教的人视为兄弟姐妹,那么这个星球上就会大大地减少冲突,人类就不至于因为去天堂走哪条路、打什么旗的问题而相互仇视、相互杀戮。

宗教,是人类想象中的彩云。彩云里,有天堂,有净土,有仙境。而要登上那朵彩云,各家宗教都有最基本的要求:止恶扬善。在道德上约束自己,这是出世的手段,也是入世的功德。所以,你要追问宗教在当世的存在价值,这就是了。"人类世"地质年代的形成,体现了人类的睿智,也体现了人类的愚蠢;体现了人类的伟大,也体现了人类的渺小。许多人信奉宗教,不是追求永生吗?一个胸怀博大的人,不应该只求个体的永生,还应该求得人类集体的永生。人类如果一味糟蹋地球,破坏生态,无异于自掘坟墓。所以,无论是有神论者,还是无神论者,都应该警觉起来,为了人类的长生久视而自觉地约束自己。

许:问个有些八卦的问题,您在小说中把爱用成语的小女孩盈盈的结局设置成死亡,是否真有报应的意义?因为看您的小说中此前围绕那个驴肉馆的叙述,似乎隐隐有这方面的指向。在现实生活中,您相信报应吗?您怎么理解现实生活中一直在发生的"卑鄙是卑鄙者的通行证,高尚是高尚者的墓志铭"这一现象?

赵:这个小女孩被高楼上掉下来的玻璃砍死,让许多读者觉得不好接受。有人说:你应该让郭小莲的儿子死掉,体现报应。在我的写作设计中,并没有让孩子之死体现因果报应的意思,至于书中后来有人说,那是因为她姥爷杀生,这是附会。要看到,在这个世界上,每时每刻都发生着不可思议的事情,一切皆有可能,这可以看作佛教讲的"无常"。但是,现实生活中的因果联系也是普遍存在的,所以才有

"种豆得豆""不作不死"之类的警句。"卑鄙是卑鄙者的通行证,高尚是高尚者的墓志铭",这是诗人的愤激之语。这种情况肯定有,但并不是全部,有的时候是"卑鄙是卑鄙者的墓志铭,高尚是高尚者的通行证"。当然,这种墓志铭不会真的刻在碑上,而是刻在人的心灵上。我相信,邪不压正,应该是一个社会的常态。

许:前半部的田思萱是个略有点耽于浪漫的知识女性,后半部却突然转身为"圣母"形象,在您的构想中,她的这一转变是来源于"爱"吗?您认为"爱"能在很大程度上消弭某些利欲熏心者(如孙参)的原始罪恶吗?——小说中的孙参就是在这一力量的召唤下,最后开始自我救赎的。

赵:你大概没有注意到这个情节:田思萱离开孙参之后,和女居士柳秀婷住在了一起。在那里,她接触到佛法,生出了悲悯情怀。所以,田思萱后来执拗地填坑,救赎孙参,一方面是出于残留的爱情,一方面源于她的悲悯之心。

许:一部《人类世》,世相纷纭,包罗万千,几可称得上当今时代的小百科全书,您为什么要选择孙参这个房地产老板做主人公?并且看得出,您对这个主人公给予了很大的同情,也赋予了他部分超出常人的美德(比如他的孝顺),这是您对当代房地产商(以及所有经济从业者)的判断吗?在现实中,这个人有原型吗?

赵:孙参是《人类世》一书的主人公,但他没有原型,是我根据自己对社会上一些企业家的了解和观察,学习了鲁迅先生的创作方法,"杂取种种人,合成一个"。我之所以选择房地产老板做主人公,是因为这个群体直接参与人类对地表的改变,是助推城市化进程的重要力量。孙参移山填海,能够改变海晏城市格局、改变海岸线的行为,具有典型意义。

在我笔下，这个人物是立体的，圆形的。他在商场上有生猛嚣张、刚性十足的一面，在生活中却对捡了一辈子垃圾的母亲、对早早死去的姐姐怀有深沉的亲情。他从小跟着母亲和姐姐捡垃圾，在姐姐的劝说下重返学堂，终于考上大学并留学美国，回来后以"成功神学"做幌子，以巧取豪夺为手段取得"成功"，但因为贪色猎艳，从南太平洋岛国带回一个女孩，让他移山填海建起的楼盘陷入销售困境。在这种情况下，他一错再错，加上当年盗采河沙的行为被人告发，终于身陷囹圄。出狱后他有所醒悟，与田思萱一起填坑，但就在去接他在美国留下的混血儿子时突然发病，倒在了候机大厅。这人可恨，也很可怜，所以我在写他的时候感情是复杂的。从他身上，我们可以汲取一些人生教训。但是，孙参就是孙参，是文学上的"这一个"，他代表不了当代房地产商这个群体。我写他的态度，也不代表我对所有经济从业者的评判。

许：《人类世》中的另一组人物，是地质大学教授焦石和几个学生。焦石在生活方式上的古怪，在学术事业上的精进，以及他和研究生关亚静的师徒关系，给人留下了深刻印象。这也是虚构的吗？据我所知，中国只有一所地质大学，校区有北京、武汉两处。

赵：写这部书，我要从地质历史学的视角切入，将地球46亿年的苍茫历史和进入"人类世"地质年代后人类生活的巨大变化作为故事背景，所以要写这么一组从事地史学研究的人物。焦石教授也没有原型，也是"杂取种种人，合成一个"。譬如说，上课从兜里掏粉笔，却掏出了鸡骨头，这是某所大学一位老教授的真实故事。我从2011年被曲阜师范大学聘请为硕士研究生导师，至今带了六届十六个学生，这个经历也帮助了我的写作。

许：您早期小说农村题材较多，目前进入更新阶段的创作，您如何看待这种转向？

赵：我早期的创作，主要是写农村与农民。我曾经说过这样的话：农村题材，能引起我持久而深沉的创作冲动。所以，我写了大量中、短篇小说，写了系列长篇"农民三部曲"《缱绻与决绝》《君子梦》《青烟或白雾》。但是，作品的生成机制是复杂的，它在很大程度上要被作家的兴趣与灵感所左右。2003年秋天，因为一个机缘，我对宗教文化题材产生了兴趣，从此念兹在兹，欲罢不能，用八年时间写出了两部长篇。2012年春天，我被"人类世"这个概念引发创作冲动，也是日思夜想，神魂颠倒，"头脑风暴"经常发生。尽管这些题材超出了我的生活经验，但浓厚的兴趣、强烈的冲动让我不得不去付诸实施。这种"出轨"，是我的幸运。

许：在您的另一篇访谈中，看到您已有了新长篇的构想，请简单介绍一下，以满足读者的好奇心。

赵：不必好奇。就像他们的邻家老农种庄稼，每年都要忙活，到时候看他打了什么粮食就行了。下一步，我的创作计划是写一部非虚构作品，叫纪实文学也行，写一写我的家乡和家族。这也是我突然萌生的创作冲动，不能自已才做出决定的。我想，我积累的一些生活素材，我的一些人生感悟，与其编成小说，还不如实打实地写出来。明年请你看看，我打出来的粮食是什么品种，什么成色。

2016年8月22日《黄海晨刊》

人类世：赵德发的千岁之忧

2011年5月，约20名诺贝尔奖得主向联合国提交了《斯德哥尔摩备忘录》，建议将人类现在所处的地质年代改为"人类世"。科学家们认为，人类的活动在地球系统上打下明显烙印，甚至已经彻底改变了地球，而这改变不仅仅是地表，连地质年代都改变了。

这条并未引人注意的消息，却在作家赵德发心中引起震动。在他的直觉中，这是一件"改朝换代"的大事，从此这个概念深植于他的脑海中。

2013年的一天，赵德发为了给曲阜师范大学传媒学院的研究生讲宗教文化，重读《圣经》，当他读到"立虹为记"时，"一个念头突然像彩虹一样出现在脑际：我应该写一部关于'人类世'的小说"。

于是，经过两年多的专心创作，赵德发推出了他的长篇小说《人类世》，该书最近由长江文艺出版社出版，全书近40万字。在书的封面上，一行小字写道：人类一旦任性，放纵，必将为此吞下恶果。

赵德发认为,"人类世"不仅仅是一个冷冰冰的概念,更是近几百年来人类对大自然环境的改变和影响,当然其中不乏肆意的掠夺与破坏,"这其实是一种生活,当下的人们在俯仰之间、呼吸之间,时时处处都在感受'人类世'"。

而对于社会的关怀,是赵德发作为作家一直以来的使命。在《人类世》之前,赵德发出版过长篇小说"农民三部曲"《缱绻与决绝》《君子梦》《青烟或白雾》和"宗教文化姊妹篇"《双手合十》《乾道坤道》等作品。如今他把眼光落在"人类世"上,表达他的"千岁之忧"和人类关怀。

近日,结合小说《人类世》所表达的主题和所塑造的人物,《法治周末》记者采访了山东省作家协会副主席、作家赵德发。

"人类世" 是一种世界观

记者(《法治周末》记者武杰):根据今年9月份的报道,一支由35位国际顶尖研究者组成的"人类世"工作小组宣布,地质纪元进入"人类世",并将开始时间确定为1950年。"人类世"是一个地质学概念,其实很多人对这个概念是比较陌生的,您是如何关注到这个概念的?

赵德发(以下简称赵):五年前我从媒体上读到,约20名诺贝尔奖得主向联合国提交了《斯德哥尔摩备忘录》,建议将人类现在所处的地质年代改为"人类世"。这个消息让我十分震惊——我们所处的地质年代是显生宙新生代第四纪全新世,全新世只有11700年,现在竟然要改朝换代了？这可是一件大事。从此我就关注这个概念，关注这个地质史换代事件的进展。

记者：如何想到将这样一个地质学概念作为一部小说的主题？通过这部小说，您想传达怎样的信息？

赵：我本来没有打算将其作为小说的主题，只是写了一篇万字散文《突如其来"人类世"》。但在2013年10月26日早晨，我为了给曲阜师范大学传媒学院的研究生讲宗教文化，重读《圣经》，读到"立虹为记"，一个念头突然像彩虹一样出现在脑际：我应该写一部关于"人类世"的小说。

我想通过这部小说描述人类对于地球的种种改变，表现当今人类的种种造作与种种心态，表达对于地球前景与人类未来的深深担忧。

记者：有评论认为，您书中的"人类世"更像是人类文化的概念，而非仅仅是地质学概念。在小说中，"人类世"体现了怎样的价值和意义？

赵：科普"人类世"概念，不是我这部小说的主要任务。在我看来，"人类世"也是一种世界观。我们不能再持人类中心主义观点，应该在地球46亿年的背景下，从"人类世"这个角度，认识世界现状，反思人类行为，调整人与自然的关系。

人类是地球上唯一有文明的生物，应该保持应有的理性。在中生代，统治地球的是恐龙，它们遵循丛林法则，弱肉强食，搞得天地间一片血腥，但它们不会思考，只凭本能行事。人类哪能像它们那样，只管捕食与繁衍，只管为了满足欲望一味造作？"人类世"这个概念的提出，不只是科学家的学术行为，更是人类理性的闪光，是人类文化的结晶。

我为逝者悲伤，为家乡悲伤，为人类悲伤

记者： 按照1950年代为"人类世"的起始时间，您基本经历了这个阶段。基于您个人的经历，您对"人类世"有怎样的感受？

赵： 按照"人类世"概念的提出者——荷兰大气化学家保罗·克鲁岑的观点，"人类世"的起点是英国工业革命。但现在更多的科学家认为，应该定在1950年代。一个最重要的证据是，1951年，人类核试验产生的钚元素首次在地面被发现。另外还有一些理由，如人类在1950年代大规模使用塑料和铝元素，发电站排出的未燃烧殆尽的黑炭颗粒也能在地质沉积中找到，等等。

我是1955年出生的，这就是说，我从记事起就生活在"人类世"地质时代。虽然我在长达半个世纪的时间里并不知道何为"人类世"，但是人类对于地球的急剧改变，我是亲眼看见、直接感受到的。我小时候，村庄还处于农耕时代，后来才有了化肥、农药，有了电灯和各种家电……我离开农村之后，对于"人类世"有着方方面面的感受，尤其是对城市化、全球化、电子化的感受彻入骨髓。

家乡的种种变化，彰显了人类的伟大。但是，人类的造作之果，也让家乡人"享受"到了雾霾。我的父老乡亲远离城市，竟然也与城里人"同呼吸、共命运"了。不只这一条，环境污染、生物灭绝的事例在农村数不胜数。现在农村中得癌症的人特别多。我为逝者悲伤，为家乡悲伤，为人类悲伤……

记者： 您之前的"农民三部曲"《缱绻与决绝》《君子梦》《青烟

或白雾》，对乡土中国的历史文化和政治有宏阔建构，对农民命运和土地变迁有幽微洞见；宗教题材长篇小说姊妹篇《双手合十》《乾道坤道》，对"佛法无边"和"道法自然"有独到阐释，对末法时代有深刻揭示。

这次《人类世》则是对人类社会和环境的关怀，感觉是您创作上的一个新阶段。《人类世》和之前的作品有什么样的内在联系和区别？

赵：最大的区别，是眼光不同。以前的作品，多是采用社会学眼光、文化眼光，《人类世》则是持地史学眼光、人类学眼光。

与以往作品有没有内在联系？肯定是有的。今年9月18日，山东大学与山东省当代文学研究会召开了《人类世》研讨会，张炜先生在会上讲了四点，其中第三点是"新儒学的当代流脉"。他说："近些年学者们在讲新儒学的现代性转化，成为一个不容忽视的话题。古老的儒学面对了很多新问题，要对接现代，要有更新和转化。但无论怎样它仍旧是入世的，是关怀重大事物的。从关心社会问题来讲，很少有谁比赵德发这部新作再迫切和再重大了，他以新儒家的情怀，在现代化的过程中做出自己的文学发力。"我认为，他的这一番话，指出和肯定了我在创作中的追求。

孙参，一个"人类世"时代典型的造作者

记者：孙参作为书中的主人公，您为他设置的背景是非常复杂的，出身贫困，幼年丧父、丧姐，捡垃圾为生，留洋又被逼逃回国，最后创业致富……对这个经历复杂的人物，您想强调的是什么？

赵：孙参的经历的确很复杂，因为我力图让这个人物有血有肉，成为文学人物长廊中独特的"这一个"。但是，设计与刻画这个人物，我是从"人类世"的视角出发的。

他留学美国，贩来了所谓的"成功神学"，将自己的企业团队伪装成"十字军"；他去南太平洋岛国休闲，带回了酋长的女儿做媳妇，这都体现了全球化的背景。而他盗采河沙建砼厂，移山填海建楼盘，又显示了他对地球形态的直接改变。他是一个"人类世"时代典型的造作者。

记者：您觉得孙参体现了"人类世"的哪些精神面向？

赵：在孙参身上，体现了人类作为"万物之灵长"的骄矜与傲慢，体现了资本掌握者的勇猛与强悍。

在小说中海晏市郊的老姆山上，虽然有可能被地史学界确认的"金钉子"，有柳居士请人镌刻的三教经典，但科学与信仰在资本面前双双落败。孙参所代表的这种精神，如果任其发展，在地球上所向披靡，真的让人感到恐惧。

记者：小说以孙参的死作为结局，他是一个悲剧人物吗？他身上值得警醒的是什么？

赵：孙参自比《圣经》里的大力士参孙，想成为时代的英雄，但他最后还是失败了，成为一个不折不扣的悲剧人物。

人类是地球上出现得很晚的一个物种，不能把自己凌驾于大自然之上。作为人类的个体，应该懂得节制，与自然、与他人和谐相处，而不能为了满足欲望横行无忌。

记者：相比孙参的行动能力，小说中，焦石教授这个人更富有精神力量，二者相区别却在小说中相伴而行。您如何想出要设置焦石这样一个人物？

赵：我这部小说从地质历史学的角度切入，让地质大学师生出现在其中是必须的。我要塑造一位精神上与孙参相对立的知识分子，但又不想把他写得"高大上"。我想起我接触过的一所大学曾经有一位爱吃烧鸡的单身老教授，就把他当作原型，加上其他性格特点和事件，最终写成这么一位焦石教授。

有的读者讲，焦石性格古怪，言行有趣，在学术上的执着，对"人类世"理念的宣传，特别令人敬佩，我听了之后感到欣慰。

记者：《人类世》里面不仅包括孙参、焦石两个主人公，同时还引入了很多的人物、事件。焦石教授的执着和古怪，孙参母亲和乡亲捡垃圾的事情，关亚静的"三峡移民"家庭，甚至详细地讲述了郭公社的从政经历，政府部门申请非物质文化遗产等。通过这些人物和故事，您希望传达什么样的"人类世"信息？

赵：线索很多，事件纷繁，但还是围绕中心和主题，表现人类在"人类世"里的种种作为。垃圾这条线索虽属次要，却贯穿小说始终。从本土垃圾到洋垃圾，以垃圾为生的人，因垃圾而死的人，像垃圾一样的人，进入地质沉积的垃圾，太平洋里由垃圾聚合而成的"第八大陆"……最后，孙参在美国留下的混血儿子发"推特"称："人类将成为地球的垃圾，地球将成为宇宙的垃圾。"够惊心动魄的吧？

移民们的心理创伤，如何能够平复？人类为了提高生活质量而改变地表，填海造地，劈山修路，功过谁来评说？贪官郭公社在回忆中流下的热泪，竟也感动了地质大学女研究生关亚静。而各级政府正在组织力量抢救的"非物质文化遗产",都是全新世里的人类文明成果,关亚静发现的柳秀婷和田思萱的救赎行动,是人类文明在人心中的传承与沉积,不也可以作为"非遗"吗?这一切,都传达出了"人类世"方方面面的信息。

作家群体,应"常怀千岁忧"

记者:在"三教寺"一章中,您以田明德一个关于孔子的梦开篇,浑然天成,设计巧妙,这个梦是如何想到的?

赵:三教寺里,孔子叨陪末座,这让自认为是海晏市儒家掌门人的田明德觉得不公,引以为耻,我就让他做了那个梦——日有所思,夜有所梦嘛。在梦里,孔子对座位问题耿耿于怀,把田明德牵到树冠上大发牢骚。这其实是田明德心理活动的投影。

梦中的孔子在树上跺脚,银杏叶瑟瑟而落。到了小说的第31章,银杏树莫名其妙地掉叶子,田明德想起这个梦,认为孔子早就托梦给他,这又增添了小说的神秘色彩。

记者:为什么会将佛、道、儒三教置于同一寺庙中?

赵:唐宋以来,佛、道、儒三教合一的思潮一直在持续,南宋孝宗皇帝赵昚的名言"以佛修心、以道养身、以儒治世"被许多人接受,所以"三教寺""三教堂"这样的庙宇在中国大地上建起了好多。我让小说中出现三教寺,意在表现中华传统文化的余脉。

余脉悠悠,如强弩之末;外来的基督文化,却在中国城乡迅速传播。这是"人类世"里的文化现象,耐人寻味,发人深思。

记者：同样在"三教寺"这个章节中，您以真实姓名、身份在书中出现，写了《在三教堂酿一缸酒》一文，这个设置是为什么？

赵：这种做法我是第一次尝试。我觉得，以真实姓名、身份在书中出现，会起到特殊的作用，还可拉近我与读者的距离。

再者，我写过《在三教堂酿一缸酒》这篇散文，让书中人物看到并议论，有心的读者会从网上查到，从文章中了解中国三教合一的文化源流，增强对这一章的了解。这也算是藏于书外的一条注释吧。

记者：您在后记中写道："在世之日无多，千岁之忧尚存。"您现在忧的主要是什么？会在未来的创作之中有所体现吗？

赵：古诗中道，"生年不满百，常怀千岁忧"。古代的那位诗人，讽刺某些人生命短促却忧思深远，鼓动大家及时行乐。但是，"常怀千岁忧"，关注未来，却是人类的一个优良传统。作家群体，更应如此。我忧什么？忧的是"人类世"已经到来，是否会在人类的造作之下早早终结？我以后的作品，可能还会表达这种忧虑，只是用的形式不同。

人类的"千岁之忧"，人类的存亡之道，肯定会有人觉得可笑，但老子的一段话能为我们撑腰打气。老子说："上士闻道，勤而行之；中士闻道，若存若亡；下士闻道，大笑之。不笑不足以为道。"

2016 年 10 月 26 日《法治周末》

从山岭到海洋
——赵德发访谈录

编者按：今年第三期《人民文学》头题刊发了著名作家赵德发的长篇小说《经山海》，"卷首语"评价其是有"新时代情景气象、新时代精神气韵、新时代人物气质"，有"天地情怀、天下格局"的一部"挂心"作品。日前，本报记者就这部作品采访了赵德发先生。

写出新时代有根系有走向的成长

事有凑巧，我3月22日去日照调研，顺手带上了新来的《人民文学》第三期，翻开一看，映入眼帘的竟然是赵德发的长篇小说《经山海》，且是头题。在去日照的高铁上，就看了一路，感觉很好。从日照回来，我又看了一路。匆匆看完，我马上联系了赵德发先生。我们的对话，就从日照开始。

去日照寻找吴小蒿是对的

逄春阶（《大众日报》记者，以下简称逄）：祝贺赵先生，《经山海》是山东文坛的新收获，也是中国文坛的新收获。我完全赞同《人民文学》施战军主编对这部小说的评价。这部小说，很明显的，地理背景是日照，是这样的吗？小说主人公吴小蒿，塑造得很成功。我跟海边的文友说，我来日照是寻找吴小蒿啊。

赵德发（以下简称赵）：谢谢春阶老弟。《经山海》是《人民文学》约我写的一部长篇小说，今年元旦之前完成。交稿后仅仅两周，他们就决定在第三期头题发表，该期的"卷首语"，全是评价《经山海》的，而且有好多褒奖之语，这让我十分感动。你去日照寻找吴小蒿是对的，因为日照和书中的隅城市一样，也是个海滨城市。那里有山有海，更有许许多多像吴小蒿一样的乡镇女干部。但你如果问我，到底哪一个女镇长是她，哪一个乡镇是楷坡，我说不上来。那是我在调动了多年的生活积累的基础上，又收集了大量素材之后虚构而成的。

逄："海上牧场"这个概念，我就是第一次在日照接触到的，我还想去那里采访，一直没成行，这次在您小说里见到了。海洋文化在小说中展示得很精彩。您是地地道道的农民出身，写农村，您驾轻就熟。海上经历、渔民生活，这块是怎么补充的？

赵：我1991年初在山东大学作家班毕业后调入日照市，被大海所震撼、所吸引。那时我就想写一部海洋渔业题材的小说，曾在领导的安排下到日照第一海水养殖总场挂职半年，《经山海》中描写的"天文大潮"我就经历过，并参加过几次抢险。最后一次，大坝被彻底冲垮，5000亩虾池的对虾全部回归大海。之后又去北方渔业重镇岚山头采访了许多渔民，还上船跟着他们出海。我写过几个短篇小说，但因为对海洋了解不够，加上我决定先写"农民三部曲"等作品，就把这个计划搁置了多年。但这些年来我生活在日照，海风吹拂，海浪沾身，素材进一步丰富，于是，我四年前写《人类世》，去年写《经山海》，都把故事的发生地放在了海边。当然，每一本书动笔之前，我还临时做过多次采访。

逄：乡镇干部这个群体很辛苦。我干记者27年，有一批乡镇干部朋友。我目睹了他们的好多感人和气人的细节。我看过好多反映这个群体的小说，但都不过瘾。您这次塑造的以吴小蒿为代表的群体，我觉得很接地气。当然，您也有所保留。吴小蒿这个人物形象，有具体的原型吗？您为了塑造这个群体做了哪些准备？

赵：吴小蒿这个人物，没有具体原型。但我出生在农村，年轻时在公社工作，对乡镇干部比较了解。写这部作品之前，又采访过一些乡镇女干部。她们很不容易，工作繁忙，待遇不高，家务事顾不上，甚至把教育孩子这件大事也耽误了。据我所知，有好几个乡镇女书记、女镇长的孩子，因为在乡下没有享受到优质教育资源，连大学也没能考上，成为这些女干部的锥心之痛。前些年城市公职人员搞福利分房，乡镇干部是没有的。光这一条，他们就吃了大亏。前几年我读过一些描写乡镇女干部的文学作品，有一些较好，反映了她们的真实情况；有一些是瞎编、抹黑，让读者对这个群体产生了误解，很不应该。

为历史保存细节，是小说的一个功能

逄：据我所知，这是您最接近当代现实的小说，简直就是生活进行时，好多事情还正在发生着，比如拆迁，比如环卫一体化，比如乡村振兴、精准脱贫等。好多情节还带着露水珠。反映这么近的现实，需要勇气，因为太近，把握不好，或者刻画不到位，就会引起读者的不满。写当代，确实也是一个考验。我们记者就是记录当代的，但是往往是零碎的，肤浅的。您这是审美的，文学的，甚至是历史的、哲学的，需要更大的耐力和智慧。面对加速度发展的当代社会，面对互联网、大数据、人工智能所架构的剧变新时代,文学如何书写这个刚刚发生并正在发生的新时代,这是时代对文学提出的必须回答的新挑战与新课题。您是如何做的?您的灵感来自哪里?

赵:新时代就是现在时,我必须贴近现实,反映当下。书中描写的一些事情,有的是我长期关注过的,有的则是专门做了采访。我回老家时了解到许多事情,去沂蒙山区采访过精准扶贫与乡村振兴,在日照采访过多位乡镇女干部和多位第一书记,还到渔村采访过许多渔民,获得了大量素材。正如你所说,这类作品往往给人以肤浅的感觉,如何写好,写出深度,这确实是一个考验。

为了解决这个问题,我除了注意挖掘素材中的文化与哲学内涵,主要采用了历史眼光。第一,我用历史的眼光选取和处理素材,书中有"丹墟遗址""香山遗美""斤求两""楷碑""鳁岛""鱼骨庙""风船""祭海"等许多历史上遗留下的事物;第二,我让主人公毕业于山东大学历史文化学院,她能将自己面对的事情放在历史背景下思考;第三,我让书中出现"历史上的今天"这部分内容,给读者以深远的时空感。写这部书,灵感的确频频光临过我的脑袋,它来自现实,也来自历史。

逄:小说好多地方还用了真实的名字、单位,比如山东大学历史文化学院、《大众日报》文化版、中国海洋大学、孔林等。我还注意到,好多地方有纪实性,比如贯彻党的十八大精神、党的群众路线实践教育动员大会等;这些我都参与报道了,所以看上去很亲切。小说,有了写实性、记录性、史诗性。转事成识,转识成智,转智成诗(小说),转诗(小说)成史。在这方面,您一定有更深的考虑。

赵：之所以采用一些真实的单位名字，是因为我将故事的发生地定在山东，这样写能增加作品的真实感。写到近年来的一些时政大事，因为这是基层干部们的普遍经历。有一些事，我也亲身经历过，譬如说，党的群众路线实践教育活动，我认真参加学习，撰写对照检查材料，至今记忆犹新。所有的经历都会成为历史，所有的细节都会成为时代的佐证。为历史保存细节，这是小说的一个功能。

1939 年举办纽约世博会之前半年，大约 1938 年 9 月，人类深埋入地下一个特制容器"时间胶囊"。放入这个容器的有电动剃须刀、电话等 35 件日常用品，人造纤维等 75 种纺织品，以及各种书籍、杂志、图片和缩微胶片，还有爱因斯坦写给 5000 年后人类的一封信。当代作家的创作，在某种意义上也是制作"时间胶囊"。当然，像我这样的小作家，作品速朽，不期望上千年后还有人看，但是，过个几年、几十年有人再看，能通过作品了解我们所经历的时代，也是有些意义的。

逄：制作"时间胶囊"，这个比喻好。

这部书的最大亮点，就是写了主人公吴小蒿的成长

逄：《经山海》这个名字，让我联想到《山海经》。《山海经》包罗万象，民间传说中的地理知识、山川、物产、药物、祭祀、巫医等，还有不少脍炙人口的远古神话传说和寓言故事。您在《经山海》里面也穿插了鳃岛、鳃人的传奇故事，文化遗产项目，等等。您小说的命名，是不是来自《山海经》？是不是从《山海经》那里得到了神秘启示？我感觉，您在自觉地写新时代的《山海经》。

赵：我这部小说，先后起过多个名字，有《楷坡》《历经》《鲸落》等，中国作家协会公布 2018 年重点扶持选题时叫作《历经》。但这些都不理想，我交稿后又想了一个《山景海色》，施战军主编改为《经山海》。山海，是主人公的生活环境，也是时代的隐喻。这个名字改得好，责编李兰玉女士对我说，这名字提升了作品的格局，她感到羡慕和嫉妒。所以，我非常感谢施战军主编。《山海经》，那是携带了中华民族文化密码的一部经典，对我的创作很有启发。但我这部小说，绝不敢说是新时代的《山海经》。

逄：我把《经山海》看成一部成长小说，一个人的成长历史，从立言、立德到立功。吴小蒿的心灵成长史，从一开始的书生气，到从容面对官场上的一切，立在天地之间。生活中，她也成长为一个真正独立的女性；工作中，她成长为一个有胆识、有作为的好干部。这一切经历了一个痛苦的历练过程。这对当代青年干部，有启示意义。我知道，您在 30 多年前，干过县委组织部副部长，对组织人事这些程序是再熟悉不过了。您在构思这部小说的时候，过去组织部的经历，是否给了您一些写作上的便利？

赵：你说得很对。《人民文学》编辑人员告诉我，这部书的最大亮点，就是写了主人公吴小蒿的成长。她一个长期在区直机关工作的年轻女干部，乍到乡镇，很不适应，也显得稚嫩，但她有在农村的贫寒经历，有在大学里受到的教育，有家国情怀、担当意识和百折不挠的韧劲，最终成长、成熟起来。我的个人经历，的确帮助了创作。我 25 岁到公社党委先后担任组织干事、秘书，27 岁到县委办公室先后担任秘书、副主任，30 岁担任县委组织部副部长，加上写作前的采访，对基层政权运作程序比较了解，刻画人物的性格与表现比较顺手。

逄:"鲸落"这个意象,鲸鱼留给大海最后的温柔。太震撼了。

赵:"鲸落"是一个过程,也是一个现象。鲸鱼死后,它那庞大的躯体,悠悠沉落,喂养着许许多多的海洋生物。沉到海底之后,会将所有的养分奉献给芸芸众生,甚至包括一些可以分解鲸骨的细菌,形成一个生态系统。20世纪末,夏威夷大学的科学家发现,在北太平洋深海中,至少有43个种类的12490个生物体依靠鲸落生存,直到所有的营养消耗干净。这个过程,可能长达百年。当有机物质被耗尽,鲸鱼骨头的矿物遗骸,会作为一处礁岩,成为生物们的聚居地。我在书中写道,当吴小嵩得知这件事情时惊诧不已,激动莫名,心中蹦出了一个词儿:造福一方。她在心里向自己发问:当你死去的时候,能否也像鲸落那般壮美?

我最初构思的结尾,是让吴小嵩去海中看"深海一号"养殖设备运行情况,归程中掉落海中因公殉职,所以小说名为《鲸落》。但有关方面读后认为,这样的结局不好,所以我又改为:

……她感觉到了一种托举的力量。

深蓝。浅蓝。最后是一种高远的湛蓝。

那是云缝中的天空。

"我看过'子贡手植楷',知晓楷树的文化象征意义"

逄:吴小嵩创建电子商务服务点,促进传统文化申遗,推动丹墟考古,复植楷树林,打造楷坡祭海节,引入"深海一号"发展养殖,兴建渔业博物馆等工作,都很具体,您是怎么补充这些知识的?是不是定点深入生活?有个新闻,2018年5月4日,中国首座自主研制的大型全潜式深海渔业养殖装备"深蓝1号"在青岛建成交付。它是中船重工武船集团为山东日照市万泽丰渔业有限公司建造的首座"深海渔场"。这让我跟您的"深海一号"对接了。

赵：你列举的这些事情，我大多了解或者亲历。譬如说，中美联合考古队，20年来多次到日照两城遗址考察，这里是一处著名的龙山文化遗址，4000年前是一座城市，出土了许多文物，我去看过。2017年阴历六月十三，日照沿海多地举办祭海活动，《日照日报》邀请全国上百名记者、作家采访，我也参加了。随后，我写了中篇纪实文学《晃晃悠悠船老大》，发在《中国作家》纪实版上。我一直希望日照能建起一座大型渔业博物馆，曾在政协会上递交过提案。我在日照市纪委与电视台联办的"问政日照"节目上担任过点评嘉宾，对日照经济社会发展的状况有所了解。"深蓝1号"是中国第一个深远海渔业养殖装备，也是全球第一座全潜式深海渔业养殖装备，国家农业农村部的一位领导在交付仪式上说它是"大国重器"。它的建成与交付，是中国水产养殖业现代化进程中具有重要影响力的一件大事，开启了中国深远海渔业养殖的新征程。这一切，都成为我的写作素材。

但是，不能把现实中的事情与《经山海》的内容完全画等号，因为我写的是小说，小说是允许虚构的。

逄：关于复植楷树的故事也是虚构的？

赵：对。但我看过"子贡手植楷"，知晓楷树的文化象征意义。也到日照西北部山区寻找过楷树，那种树的形象很特别，给我留下了深刻的印象。所以，我让书中的楷坡镇原来有许多楷树，但后来都被伐光，只留下一块清代立的楷碑。上面有一首五律，是我代隅城县教谕申瑶写的，步清初著名诗人施闰章诗作《子贡手植楷》原韵。

小说的"留白"

逄：小说的结构，如历史上的今天、吴小蒿的大事记、点点的大事记，给读者纵深感，视野开阔。如果用个不恰当的比喻，就像中国画，特别尊重看画的人，给看画的人留出空间，也就是小说的"留白"，是对读者的尊重，让他们参与到创作中来。长篇小说，第一个问题要面对结构。您是怎么考虑的？

赵：你说得对，写长篇小说，结构是个重要问题。没有合适的结构为骨架，作为灵魂的主题，作为血肉的情节与细节等就无所依附。《经山海》的结构，曾让我颇费踌躇。时间跨度为七年，故事林林总总，究竟如何呈现？突然有一天，灵感迸发，我想到了《历史上的今天》。全书分为八章，每一章前面都有一组"历史上的今天"。我的书架上就有这本书，网上也有专门的网站，但我不只是抄录那些，而是让主人公吴小蒿和她的女儿点点也记自己的"历史上的今天"。这样，一条一条，斑驳陆离。读者会看到，新时代的历程与个人的历程，都处在人类历史的大背景之下，耐人寻味。而且，母女俩记下的，有的在正文当中没有写到，这就造成了你说的"留白"效果。

逄：小说的语言，我也很喜欢，比如第五章，第一部分有一段描写："路灯从窗外照进来，屋里朦朦胧胧。女儿的头发散在枕上，像黑漆一样流到吴小蒿的腮边，像麦苗一样的清新味道沁入她的心脾，让她生出无限的爱意。她伸手抚摸女儿的头发，一点儿一点儿，从梢到根，到达鬓发根部时，发现那里湿了一片。她实在忍不住，将女儿一下子抱住。几乎在同时，她也被女儿紧紧抱住。母女俩面颊相贴，泪水汇聚到一起……"诗意温暖的母女图,很有张力,让我想到您的散文《蒙山萱草》。我觉得您在语言上,也更加贴近了当代,还吸收了一些流行语,特别是点点的话。是不是有意为之?

赵:一部写当代的作品,语言也要尽量与其匹配。一方面,要继承传统,保持语言的文学性;另一方面,也要与时俱进,学习使用新的话语。进入网络时代,人类语言的嬗变十分迅猛,作家对此不能过于迟钝,一味排斥,因为网络语言的大量滋生,代表着生长与前进。当然,对其中一些严重破坏汉语规范的、不文明的语言,我们也要警惕、慎用。

让写作回到根上

逄:一直记得在 2011 年 11 月召开的全国作代会上,在山东作家代表团跟西藏作家代表团座谈时,您说过的话,"天雨虽宽,不润无根之草",《经山海》是有"根"的小说,吴小蒿,是有"根"的人物。新时代需要这样的新人物,需要这样的好作品。您已经向读者奉献了"农民三部曲""传统文化小说三种"等优秀作品,《经山海》是一个新的高度。下一步,有什么计划?

赵:"根",对于一个民族,一个群体,一个人物,都非常重要。就文学创作而言,也应该有"根"。2009 年春天,北京大学"我们文学社"邀我去讲创作,我讲的题目就是《让写作回到根上》。那次专门讲了写作与文化之根的关系。今年春天,我应山东师范大学中国现当代文学国家重点学科的邀请,为已经辞世的朱德发先生作传。我要通过大量采访与阅读,认真写作,展现朱先生的辉煌人生,探究那位学问与人

品俱佳的著名学者是如何在齐鲁大地上生成,并影响全国学界的。完成这部传记文学之后,我可能还要去圆那个蓝色之梦——写一部海洋题材的长篇小说。

逄:我曾经在去年写过一篇评论《谁先改编"赵德发"》,那是在《赵德发文集》座谈会上引起的话题。我说,12卷,字字如金黄的谷粒,粒粒辛苦所得,悦人心目。是作家40年心血所凝,是文学大厦的12块砖头,也是作家默默献给改革开放40年的礼物。专家学者多角度肯定了您的文学成就,有学者提出小说的经典化问题。

我在想,如果我是编剧,我会毫不犹豫地改编赵德发的"农民三部曲";如果我是导演,我也会毫不犹豫地拍摄赵德发的"农民三部曲"。我想首先改编的是《君子梦》。小说里的人物许正芝和许景行跟《白鹿原》里的白嘉轩一样,都作为君子活在我心里,已经活了好多年。可惜我不是编剧,也不是导演。我着急啊。有没有想把《经山海》改编成影视剧的想法?

赵:非常感谢你的评价。《经山海》这部新作,《人民文学》发表的是压缩版,全书由安徽文艺出版社出版。最近一家影视制作公司决定将其改编成电视剧搬上荧屏。

逄:这是一件好事,再次祝贺您。

赵:谢谢!

2019年4月26日《大众日报》(发表时题为《塑造新时代乡镇干部形象》)

用历史眼光观照,以文学酵母加工,记录下时代样貌

赵德发长篇小说《经山海》在《人民文学》杂志 2019 年第 3 期发表时,主编施战军在卷首语中写道:"这几年,我们一直在热切盼望着具有新时代情境气象、新时代精神气韵、新时代人物气质的现实题材力作的不断涌现。"无疑,这是对当下文学一种应然的期许,身处新时代,作家们如何做出反应?

这必然是不容易的,诚如施战军所言,"这是一条必须实实在在进入新时代内部细部,有无穷发现并有无尽感触才可能摸索出来的创作之路;这是一条必须真真切切理解新时代广度深度,有天地格局并有天下情怀才可能行走出来的创作之路。"《经山海》将个人生命史与社会进程联结,以一个乡村基层女干部的成长牵连起排山倒海的时代前行的风貌和足迹,为历史留下了注脚。

出生于农村,从 25 岁起就在公社、县委工作,后来成为专业作家,

赵德发始终关注农村，他对乡镇干部这个群体较为熟悉。择取一个乡村基层女干部作为主角，是因为他深切知道，"乡镇的一些女干部德才兼备，不让须眉，会用历史眼光观照当下，有强烈的使命感与担当意识，既接地气，又明大势，成为乡村振兴的扛鼎人物。但她们也有凡人俗举，七情六欲，在家庭与事业上，她们很难两全，有诸多烦恼乃至种种磨难。"这是新时代里呈现出的"新人"形象，他们呈现了新的精神气韵和时代气质。

"写出人物在时代中的命运，是作家的重要任务。"

记者（《文学报》记者何晶）：《经山海》最显著的结构特点，是以"历史上的今天"建立起大时代、大历史和个人生命史之间的联结。为什么选用这样的方式？您在后记中提及《历史上的今天》一书给您的冲击力，但在这之外，我想应该有更多的考量。

赵德发（以下简称赵）：用"历史上的今天"建构小说，是我构思这部作品求新、求深的结果。写现实题材，往往是就事写事，失之肤浅，我必须避免这个问题。我想，每一代人都在延展历史，历史也记录下每一代人的踪迹，我必须让这部小说有充沛的历史感。主人公吴小蒿毕业于山东大学历史文化学院，她拥有历史眼光，习惯于以历史为背景看待事物、思考问题。在小说的形式上，每一章前面都有一组"历史上的今天"，罗列出某一天在中外历史上发生的大事，让读者的视野有纵深感。另外，再加上"小蒿记""点点记"，即母女俩各自记下的个人大事。这样就如你所说，建立起大时代、大历史和个人的生命史之间的联结。古罗马的著名人物西塞罗说："如若不了解在你出生以前发生的事情，你始终只能是个孩子。如若人类的生活不与其祖先的生活结合起来，并被置于历史的氛围中，那它又有什么价值？"这话虽然说得有些过头，但是，他强调人类要有历史眼光，这是对的。所以，我作品中的人和事，也应该"置于历史的氛围中"。

记者：小说自吴小蒿就任楷坡镇副镇长始，党的十八大即将召开，"八项规定"即将出台，之后党的群众路线教育实践活动开展，至最后美国对中国加征关税，这些都折射出十八大至十九大之后的社会面貌，也是一名中国乡村基层女干部的成长史。时代与个人如何接轨，可能是现实主义文学真实、鲜活的题中之意。您在写作中如何处理？

赵：时代是与人紧密联系的时空概念，也是能影响人的意识、改变人的命运的客观环境。每个人都生活在某个时代之中，不可能完全脱离时代。写出人物在时代中的命运，是作家的重要任务。《经山海》的主人公出生于农村，被重男轻女的父亲视为蒿草，而她不甘心像蒿草一般生死荣枯，想让自己长成一棵树。于是，她发奋读书，考上大学。参加工作十年后，不愿平平庸庸在办公室坐到老，就参加科级干部招考，去山海相间的一个镇当了副镇长，此后的八年间迅速成长，成为一名改变乡村面貌的基层女干部。她生命的每一个阶段，都有时代的影响，同时，她也对时代做出了贡献。

记者：不难看出，您对乡村基层的干部群貌非常熟悉，对普通民众也非常了解。此前，您也曾经以"农民三部曲"等多部作品对乡村给予关注，这次写作《经山海》，是不是进行了新的田野调查？因为事实上乡村的农民及干部们也已经发生了很大的变化。

赵：跨世纪前后，我用八年时间创作了"农民三部曲"《缱绻与决绝》《君子梦》《青烟或白雾》,反映近百年来中国北方农村的时代变迁。但进入 21 世纪以来,农村——其实已经不能叫农村,应该叫乡村了,因为第一、二、三产业交叉分布已经十分普遍,尤其是土地大面积流转,让乡村呈现出新的面貌。各类人等也都有了很多变化,从思想意识到行为方式。我必须了解这些。除了平时密切关注,我还去许多地方采访,获得了大量鲜活的素材。

记者:事实上,吴小嵩及她周围的乡村基层干部们,是在重建一种乡村秩序。乡村在现代化进程中产生的种种问题、面临的种种困难,存在于价值建构、经济发展、文化振兴过程秩序重建的多个层面。

赵:这几年,乡村建设的成就有目共睹,精准扶贫、山村搬迁、城乡环卫一体化、创建田园综合体、发展乡村旅游等,让乡村面貌日益美丽。随着物质生活水平的提高,基本保障的落实,"天网工程"的普及等,连以前让许多人头疼的治安情况也有了大改善,小偷小摸现象少了许多。乡村秩序建设也在探索中、进行中,但这是一项历史性的系统工程,不可能短期内完成。过去,儒家文化加上宗法制度,造成了几千年乡村秩序的超稳定性结构。但现在这种结构不存在了,好多人的宗法意识荡然无存,秉持物质主义价值观,加上城市化导致的迁徙频繁,混居普遍,一些家庭、家族间联系薄弱,温情不再。而一些地方官员与基层干部,好大喜功,为了获取"政绩"变着花样折腾。有关方面应当警觉起来,让我们的乡村从内在到外在健康运行、有序发展。

记者:《人民文学》杂志主编施战军谈到《经山海》时曾说,"新时代就是我们置身其中的现实,我们每个人都不可避免地带着新时代的印记。"我想,反映到小说中时,新时代也是在创造一种新的历史,每个人都是参与其中的创造者。您写作这部作品,是想给这个时代、历史做一个怎样的注脚?

赵:有一句老话:作家是时代的书记员。真切感受这个时代,认真观察这个时代,将时代的精神传达出来,将时代的样貌记录下来,这是作家的一份责任,一份担当。我希望,以后有人读到这我部小说,能从中了解这个时代,获知一些历史细节,知道21世纪第二个十年里,在黄海之滨的乡村里发生了哪些事情,能给后人什么启示。

"我期待的'新人'形象,应该有文化、有理想,并将理想付诸行动。"

记者:集中到人物。吴小蒿的名字有一点意味,她本是荒野里一株柔弱的"蒿草",但这株蒿草却不想屈从于命运,她一心想"长成树"。如您所言,她也展现了这个时代新的干部形象,受过高等教育,看待问题的角度、处理问题的方式与前辈有所不同。某种意义上,这也是文学里的"新人"形象。您期待呈现的是什么样的"新人"形象,他们具有怎样新的素质?

赵:我的理解是,作家笔下的人物,应该是别人不曾写出来的,既有时代特点,又有独特个性,并寄予了作者审美理想的人物。我是带着这一理念去写吴小蒿的。她与我们同处一个时代,同样经历着世界的变化、社会的前进,但她有她自己的追求,自己的命运,所以有了独特的生命轨迹。我期待的"新人"形象,应该有文化,有理想,并将理想付诸行动,为这个世界变得美好而勇于付出。他们人格健全,心地善良,言行中闪射着人性的光辉。

记者:我曾经在采访另一个作家时,谈及一个感受,您这一代的作家，特别长于塑造人物。这篇小说里，您一直将目光聚焦在吴小蒿身上，叙述都围绕她展开。她的个人生活其实是不幸的，贫穷家庭的二女儿，不得不嫁给一个恶劣的人，常被丈夫家暴，但她在工作上却又是如此要强且有作为。您对这个人物的爱从笔端溢出，现实主义作品吸引人的一个原因，大约也在于此——真实性。作家要赋予人物真实感、贴近感，其实是考验笔力的。

赵：塑造吴小蒿这个人物，倾注了我的心血与感情。她没有原型，是我用"杂取种种人，合成一个"的方法虚构出来的，但小说出版后一些读者向我讲，这是他们那儿的谁谁谁。写人物，应该首先让人物在心中活起来，呼之欲出，与其心心相印。按我原先的设计，吴小蒿的身世更惨，她出生后差一点被她父亲用指头弹死，幸亏母亲拼命呵护，让她活了下来。但因为某种原因，这些内容只好删掉了。她后来被一个品质恶劣的"官二代"纠缠，不得不嫁给他，想离婚却离不了，经常挨打受骂。像这样婚姻不幸、忍辱含垢的女干部，我认识好几个。我也见识过一些性格要强，有事业心，一心要为老百姓做实事的女干部，她们赢得了群众的普遍尊敬。那些乡镇干部，无论男女，他们的工作强度、难度，是一般人难以想象、不堪承受的。我了解这些，并写进作品，让人物有了真实感，让读者有了贴近感。

记者：吴小蒿做的工作，是与文化相关的，无论是"斤求两"的非物质文化遗产的存留、"香山遗美"的保护、丹墟遗址的发掘，还是渔业博物馆的建立，甚至是更有某种象征意味的到孔林里求楷树种子，最后楷坡真正楷树成林。这与吴小蒿历史专业出身，特别注重存留历史不无相关，是不是也具有一种意味，文化、历史在个体生命和时代发展中的意义？

赵：我让吴小蒿毕业于山东大学历史文化学院，就为这部作品的文化意蕴、历史分量做了铺垫。对文化、历史感兴趣，由她的学业促成，也是她作为镇长的责任与担当。她明白，5000年的文明史就在她的面前与脚下展现，她应该好好保护，发扬光大。她也明白，个人史终将汇成时代史，所以她在全镇搞起了"乡村记忆"项目，大量收集老人们的口述。她还知往鉴今，思考时代大局、乡村大势，表现了一个基层干部的胸怀与眼光。可以说，在吴小蒿的身上，寄予了我的理想与期待。个体生命，微不足道，但与文化、历史联系起来，就有了分量。一个时代，如果注重文化建设，这个时代就会在史书上增光添彩。

记者：您刻画了干部群像，贺成收因为情义未与作恶多端的慕平川划清界限，周斌一心想回城工作，房宗岳安守在自己的岗位上却忽略了儿子的成长……这些人物的个体命运、人生选择，其实也共同交织出一种普通人生活的状态。这许许多多的普通人，共同推动着社会的发展，也经历着困难、奋斗的种种历程。

赵：一个乡镇，一群干部。我年轻时曾在公社当过秘书，后来又在县里工作几年，对乡镇干部比较了解。他们虽然都是干部，但也和普通人一样，事业上有成功之处，生活上也有无奈与困厄。有句话说：性格即命运；还有一句话：时势造英雄。人的性格千姿百态，命运曲线有无限的可能性，而在时代的大背景下，在历史潮流的强力驱动下，这些命运曲线还会有较大改变。就拿书中的一个小人物司机小王来说，他在部队时为了"进步"，天天练习喝酒，每天临睡前喝一瓶"二锅头"，得了个绰号"王小二"。练成了酒量，反腐败却开始了，他没有了用武之地，只好转业回家。这就体现了性格与时代的双重作用。"人往高处走"，这无可厚非，因为谁都想让人生更加出彩。然而，往高处走的时候，也要看到"水往低处流"，懂得另一种人生智慧。

记者："经山海"有一种气魄，也仿佛一种象征，指向人们在几十年中国社会发展和时代前行时的努力奋斗和创造历史时的伟大气象,也是人生的山海。"经山海"真正的意味是如此的吗?

赵:有山有海,是主人公的工作环境。经山历海,是主人公的成长经历。排山倒海,是时代前行的伟大力量。这部作品原来不叫《经山海》,是《人民文学》主编施战军先生给改的。这个书名,传达出了气魄,提升了境界,我很喜欢。

记者:当我们置身在时代和历史的纵轴中时,作家如何呈现时代?如何写出时代跨度和历史纵深,能经由人物的精神气质、生命追求,感知到时代精髓和精神?现实主义创作应当是一种有效方式,作为一位多年精耕于此的作家,您应该有自己的理解。

赵:"精耕于此"不敢当,念兹在兹是事实。我写作40年,一直走在现实主义的道路上。我1955年出生,经历了农耕时代向工业时代、信息时代的历史性转变,经历了国家与民族60年来的风风雨雨,历史感十分强烈,对当下也一直密切关注。我们今天经历的事情多如牛毛,大多似乎很普通,但如果能用历史眼光去打量,就会发现它们的性质与意义。所以,用历史眼光观照,以文学酵母加工,我的笔下就有了似乎永远也写不尽的内容。我的追求是,不论写往昔,还是写当下;无论是写人物,还是写事件,都将目光往历史的纵深处扫描,甚至向未来观望,这样才能把握时代的精髓与精神,让人物在特定的时空节点上鲜明存在,体现出独特的精神气质,奏响个体与时代相遇时的生命乐章。

2019年9月19日《文学报》